ROMANS
HISTORIQUES
DE
SIR WALTER SCOTT.

Guy Mannering

ou

l'Astrologue.

Tome 4.

✳

Paris.

1823.

ONSTITUOION

POLITIQUE

DE LA

ARCHIE ESPAGNOLE

M DE DIEU LE TOUT-PUISSANT,

ET SAINT-ESPRIT, auteur et législateur

GUY MANNERING

ou

L'ASTROLOGUE.

IV.

Dieu et la conservation de la monarch

GUY MANNERING

ou

L'ASTROLOGUE,

PAR

SIR WALTER SCOTT.

TRADUCTION NOUVELLE.

TOME QUATRIÈME.

PARIS,

F. DENN, rue des Grands-Augustins, n.º 21.
MASSON, rue Hautefeuille, n.º 14.

M DCCC XXIII.

GUY MANNERING

OU

L'ASTROLOGUE.

CHAPITRE PREMIER.

Pourquoi vous arrêter sur ce mont désolé ?
Quel sublime secret vous est donc révélé ?
Votre air, votre regard, tout semble prophétique:
Parlez, expliquez-moi ce mystère magique.

Macbeth.

Le soir même du jour où Bertram fut interrogé, Mannering arriva d'Edimbourg à Woodbourne. Il trouva sa famille dans une tranquillité parfaite, qui aurait été certainement troublée, si Julie avait appris l'arrestation de Bertram. Mais comme, pendant l'absence du colonel, les deux jeunes personnes vivaient fort retirées, le bruit de cet événement n'était pas parvenu jusqu'à Woodbourne. Miss Bertram avait été déjà prévenue par une lettre, qu'elle

ne devait plus fonder aucun espoir sur le
testament de sa cousine. Quoique cette
nouvelle eût détruit bien d'autres espé rances, elle se joignit néanmoins à son amie
pour faire à Mannering la réception la
plus affectueuse. Elle lui exprima vivement la reconnaissance qu'elle avait pour
ses soins paternels et ses regrets de ce
qu'il avait entrepris pour elle, au cœur
de l'hiver, un voyage si infructueux.

— Il est infructueux pour vous, ma
chère, dit Mannering, et j'en éprouve le
plus profond chagrin; mais quant à moi, j'ai
fait des connaissances précieuses et j'ai passé
très-agréablement le temps de mon séjour
à Édimbourg. Dominie lui-même est revenu trois fois plus savant, ayant aiguisé
son esprit en disputant avec les plus beaux
génies de la métropole du nord.

— Assurément, dit Dominie avec une
grande satisfaction, j'ai long-temps com-
battu, et je n'ai pas été vaincu, quoique
mon adversaire fût subtil.

— Je pense, dit miss Mannering, que
la discussion vous a fatigué, M. Sampson ?

— Beaucoup, mademoiselle, et cependant j'ai lutté avec vigueur.

— Je puis en rendre témoignage, dit le colonel, je n'ai jamais vu d'affaire plus chaude. Semblable à la cavalerie Maratte, l'ennemi attaquait de tous les côtés à la fois et ne présentait aucun front à l'artillerie. Mais M. Sampson, immobile au milieu de ses canons, en dirigeait le feu tantôt sur l'ennemi, tantôt sur la poussière qu'il élevait. Il est trop tard pour vous raconter nos batailles ; demain à déjeûner nous nous en occuperons.

Le lendemain à déjeûner, Dominie ne parut point. Il était sorti de grand matin, dit un domestique. Il lui était si ordinaire d'oublier l'heure des repas, que son absence ne dérangeait jamais la famille. La femme de charge, vieille dévote presbytérienne, qui, comme telle, portait le plus profond respect aux connaissances théologiques de M. Sampson, avait soin que son estomac ne souffrît point de ses distractions. Elle l'attendait à son retour pour lui rappeler ses besoins sublunaires,

et lui fournissait de quoi les satisfaire. Il
arrivait rarement qu'il fût absent deux repas de suite, comme dans cette circonstance. Nous devons expliquer la cause de
ce retard extraordinaire.

La conversation de M. Pleydell avec
Mannering sur la perte d'Harry Bertram
avait réveillé toutes les sensations pénibles
que cet événement excita dans le cœur de
Sampson. Le cœur sensible du pauvre
Dominie lui avait toujours reproché sa
négligence, en se laissant enlever l'enfant
par Frank Kennedy ; il la regardait comme
la cause immédiate du meurtre du douanier, de la perte d'Harry, de la mort de
mistress Bertram et de la ruine de son
patron. C'était un sujet dont il n'avait jamais parlé, si l'on peut appeler parler sa
manière de converser, mais qui se présentait
souvent à son imagination. Le rayon d'espérance que faisait luire le testament de
mistress Marguerite avait pénétré jusqu'au
cœur de Dominie, et avait excité en lui
une inquiétude que l'incrédulité de Pleydell n'avait fait qu'augmenter. « Assuré-

'ment, pensait M. Sampson, c'est un homme érudit et versé dans la connaissance des lois ; mais il est léger, satyrique et inconstant. Comment donc peut-il prononcer *ex cathedrá* sur l'espoir exprimé par la digne madame Marguerite Bertram de Singleside ? » Dominie roulait ses pensées dans son esprit, car s'il lui avait fallu les prononcer à haute voix, sa mâchoire aurait ressenti pendant un mois les effets de cette fatigue extraordinaire. Tous ces souvenirs lui firent prendre la résolution d'aller visiter la pointe de Warroch, théâtre de cet événement, où il n'avait pas mis le pied depuis le jour du crime. Le but de sa promenade était éloigné, la pointe de Warroch étant située de l'autre côté du domaine d'Ellangowan qu'il fallait traverser pour y arriver. Dominie fut obligé de se détourner souvent, car il rencontra des torrents grossis par les pluies d'hiver, là où il n'avait vu l'été que de faibles ruisseaux.

Il atteignit enfin le bois, objet de sa longue marche, en parcourut tous les

détours , mettant sa cervelle à la torture
pour se rappeler toutes les circonstances
de la catastrophe. On croira facilement
qu'ela situation des lieux ne lui fit pas
tirer des conjectures différentes de celles
qu'il forma immédiatement après l'événement. Le pauvre Dominie retourna donc,
privé d'espérance , en soupirant et gémis-
sant du peu de succès de son pélérinage ,
et regagna péniblement Woodbourne ,
agitant dans son esprit une question que
faisait élever le murmure de son estomac,
savoir s'il avait dejeûné ou non ? Dans
cette perplexité, il rêvait tantôt à la perte
de l'enfant , tantôt à des tranches de bœuf
et à des petits pains au beurre. Ayant pris
pour abréger , une route différente de celle
du matin, il se trouva près de la petite
tour ruinée que les gens du pays appellent le Kaim de Derncleugh.

Le lecteur peut se rappeller la descrip-
tion que nous en avons faite dans le dou-
zième chapitre de notre second volume.
C'était là que le jeune Bertram , sous la
protection de Meg Merrilies avait été té-

moin de la mort du lieutenant d'Hatteraick. La tradition du pays ajoutait la terreur des esprits à l'effroi naturel qu'inspirait cette tour solitaire : terreur que les
égyptiens, qui avaient long-temps habité
dans le voisinage, avaient inspirée ou pro-
pagée pour leurs intérêts. On disait que :
du temps de l'indépendance galwégienne,
un Hanlon Mac-Dingawaie, frère du chef
régnant Knarth Mac-Dingawaie, avait
assassiné ce frère son souverain pour
usurper le pouvoir de son neveu encore
enfant ; mais que les fidèles alliés et les
vassaux de la maison, ayant épousé la
cause de l'héritier légitime, se réunirent
pour venger le meurtre de leur prince ;
il fut obligé de se retirer, avec un petit
nombre de ses complices, dans cette tour
imprenable nommée le Kaim de Derncleugh ; il s'y défendirent jusqu'à ce que,
réduits par la famine, ils mirent le feu à
la tour et s'entretuèrent plutôt que de
tomber entre les mains de leurs ennemis
exaspérés. Cet événement tragique peut
avoir quelque fondement, vu l'époque

barbare où on le place ; mais on y mêlait
des histoires de fantômes et de revenants
qui épouvantaient à un tel point les paysans du voisinage, qu'ils faisaient un cir-
cuit considérable plutôt que de passer
près de ces ruines redoutées. Les lumières
qui brillaient aux environs de la tour,
lorsqu'elle servait de rendez-vous aux contrebandiers, donnaient encore du poids à
ces contes effrayants qui servaient parfaitement leurs projets.

Nous ne pouvons nous empêcher d'a-
vouer que notre ami Sampson, quoique
savant érudit et mathématicien profond,
n'avait pas assez étudié la philosophie
pour douter du pouvoir des sorciers et de
la réalité des apparitions. Né dans un temps
où celui qui ne croyait pas à leur exis-
tence était censé justifier leurs pratiques
infernales, il ne séparait pas la croyance
de la religion de celle de ces fables, et il
aurait été aussi difficile de le faire douter de
l'une que de l'autre. Imbu de ces préjugés et voyant le jour baisser, Dominie
ne passa pas près du Kaim de Dern-

cleugh sans éprouver une secrète horreur.

Qu'on juge quel dût être son trouble , lorsque se trouvant devant la porte , devant cette porte qu'un des derniers lords d'Ellangowan avait placée pour en interdire l'entrée aux étrangers présomptueux et téméraires que la crainte des dangers n'aurait pas éloignés , devant cette porte qu'on croyait toujours fermée et dont la clé était, dit-on, déposée au presbytère ; quel dût être son trouble, dis-je , lorsqu'il vit cette porte s'ouvrir tout-à-coup et montrer à ses yeux épouvantés la figure de Meg Merrilies qu'il reconnut à l'instant , quoiqu'il ne l'eût pas vue depuis longues années! Elle se plaça devant lui et le regarda en face. Il ne pouvait l'éviter qu'en lui tournant le dos , ce qu'il regardait comme indigne d'un homme.

— Je savais que vous deviez venir ici , dit-elle avec sa voix aigre et retentissante ; je sais qui vous cherchez ; mais il faut que vous m'obéissiez.

— Eloigne-toi de moi ! dit Dominie épouvanté ; retire-toi ! *Conjuro te ,* — *sce-*

lestissima — nequissima — spurcissima — iniquissima — atque miserrima — conjuro te !!!....

Meg soutint sans s'ébranler cette effroyable volée de superlatifs que Sampson vomit du fond de son estomac d'une voix de tonnerre. — Est-il fou, dit-elle, avec ses cris ?

— *Conjuro*, continua Dominie, *adjuro, contestor, atque viriliter impero tibi !....*

— Que diable craignez-vous, au nom de Satan, avec votre baragouin français qui rendrait un chien malade ? Ecoutez ce que j'ai vous dire, grande perche, ou vous vous en repentirez tant que vous aurez l'ame dans le corps. Dites au colonel Mannering que je sais qu'il me cherche. Il sait et je sais aussi que le sang sera effacé et ce qui est perdu retrouvé,

> Lorsque le droit de la naissance
> Aux Bertram rendra leur puissance.

Voici une lettre pour lui : je devais la lui envoyer par une autre voie. Je ne puis

écrire; mais j'ai qui lit, écrit, court et
galope pour moi. Dites-lui que le temps
est arrivé, que les destins vont s'accomplir et que la roue tourne. Dites-lui de
consulter les astres comme il l'a déjà fait.
Vous souviendrez-vous de tout cela?

— J'en doute, dit Dominie; car,
femme, tes paroles me troublent, et mes
membres tremblent en t'écoutant.

— Ces paroles ne vous feront aucun
mal, mais peut-être beaucoup de bien.

— Retire-toi! je ne veux pas d'un bien
qui vient par des voies illégitimes.

— Insensé! dit Meg en s'avançant vers
lui, l'œil en feu et le sourcil froncé; insensé! si je te voulais du mal, ne pourrais-je pas te précipiter du haut de ce
rocher, et ta mort serait-elle mieux connue que celle de Frank Kennedy? entends-
tu cela, grand imbécile?

— Au nom de ce qu'il y a de plus sacré, dit Dominie en dirigeant contre la
prétendue sorcière sa longue canne à
pommeau d'étain, au nom de ce qu'il y
a de plus saint, ne m'approche pas,

femme ! retire-toi — ne me touche point
— arrête, te dis-je — je suis fort — je
résisterai. — Meg armée d'une force sur-
naturelle, comme Dominie l'assura depuis,
lui coupa la parole en s'élançant sur lui,
et détournant avec son bras le coup de
canne qu'il lui portait, elle le saisit et
l'emporta dans la voûte aussi facilement,
dit-il, qu'il aurait porté un volume in-
folio.

— Asseyez-vous là, dit-elle, en fixant
sur une chaise boîteuse le chapelain
qu'elle avait presque étranglé, asseyez-
vous là et reprenez vos sens, noir pour-
ceau de l'Eglise. Avez-vous mangé ou êtes-
vous à jeun ?

— Je suis à jeun de tout excepté du
péché, dit Dominie qui recouvrant la voix
et voyant que ses exorcismes ne faisaient
qu'irriter l'intraitable sorcière, pensa que
le meilleur parti était d'affecter de la complaisance et de la soumission, se contentant de réciter mentalement les conjura-
tions qu'il n'osait prononcer à haute voix.
Mais comme le cerveau de Dominie n'é-
tait

tait pas capable de s'occuper à la fois de deux idées, un mot ou deux de son exercice mental se mêlaient à ses paroles d'une manière assez bizarre, surtout lorsque le pauvre homme effrayé de la malédiction qui lui était échappée, tâchait d'en diminuer l'effet, de peur d'irriter encore la magicienne.

Cependant Meg s'avança vers un vaste chaudron qui bouillait au milieu d'un grand feu allumé sur le plancher et lorsquelle en eut enlevé le couvercle, il s'en exhâla une odeur qui (si la vapeur du chaudron d'une sorcière n'est pas trompeuse) promettait quelque chose de meilleur que ce que ces vaisseaux contiennent ordinairement. C'était en effet une excellente étuvée composée de canards, lièvres, perdrix, poules d'eau, cuisant avec des pommes de terre, des oignons et des porreaux. Il y avait assez de vivres pour plus de six personnes. — Ainsi vous n'avez rien mangé de tout le jour, dit Meg en tirant sur une assiette brune une portion copieuse et en l'assaisonnant de poivre et de sel.

IV. 2

— Rien, repondit Dominie, *scelestis-sima*, c'est-à-dire bonne femme.

— Tenez, dit-elle en plaçant le plat devant lui, voilà de quoi vous réchauffer le cœur.

— Je n'ai pas faim, *malefica*, c'est-à-dire mistress Merrilies. L'odeur en est suave, disait-il en lui-même, mais ces viandes ont été préparées par une Canidie ou une Ericthoé.

— Si vous ne mangez à l'instant, par ce pain et ce sel, je vous enfonce la viande toute bouillante dans le gosier avec cette cuiller à pot. Allons, vieux pêcheur, ouvre la bouche, bon gré mal gré, et avale.

Sampson craignant d'y voir des yeux de lézard, des jambes de crapauds et des entrailles de tigres avait fortement résolu de ne pas y toucher. Mais l'odeur du ragoût ayant presque surmonté son obstination, le bouillon qui coulait de sa bouche comme un ruisseau et les menaces de la sorcière achevèrent de le décider à manger. La faim et la peur sont d'excellents casuistes.

« Saül, disait la faim, n'a-t-il pas mangé avec la sorcière d'Endor ? Le sel qu'elle a répandu sur les mets, répondait la crainte ne prouve-t-il pas qu'ils n'ont pas été préparés pour un banquet de nécromanciens. Et d'ailleurs, ajoutait la faim, après la première cuillerée, cette viande est savoureuse et restaurante.

— Ces mets sont-ils de votre goût ? dit l'hôtesse.

— Délicieux, répondit Dominie ; je t'en fais mes remercîments, *sceleratissima,* ce qui signifie, mistress Marguerite.

— Bon, mangez tout votre soûl ; mais si vous saviez d'où vient tout cela, vous ne le trouveriez peut-être pas si bon.

A ces mots, la cuiller que Sampson portait toute pleine à sa bouche lui échappa des mains. — Il a fallu chasser plusieurs nuits au clair de la lune pour se procurer tout cela. Les gens qui doivent manger ce dîner s'embarrassent peu de vos lois sur la chasse.

— C'est là tout ? pensa Dominie, en reprenant sa cuiller, ce n'est pas ce qui m'empêchera de manger.

— Maintenant buvez un coup.

— Oui, dit Sampson, *conjuro te*, c'est-à-dire je vous remercie de tout mon cœur. Il but à la santé de la magicienne un plein verre d'eau-de-vie. Lorsqu'il eut lesté son estomac, il dit qu'il était parfaitement restauré, et qu'il ne redouterait pas la rencontre du diable.

— Vous souviendrez-vous de ma commission, maintenant? dit Meg Merrilies. Je vois à vos yeux, que vous êtes un tout autre homme que lorsque vous êtes venu ici.

— Sans doute, mistress Marguerite, repliqua vivement Sampson, je lui remettrai votre lettre cachetée et je lui dirai de vive voix tout ce que vous voudrez.

— Le voici en deux mots : dites-lui qu'il ne manque pas de regarder les astres cette nuit et de faire ce que je lui demande dans cette lettre, afin que

> Le droit de la naissance
> Aux Bertram rende leur puissance.

Je l'ai vu deux fois sans qu'il m'ait vue.

Je connais les motifs qui l'ont conduit dans ce pays la première fois, et ceux qui l'y ont ramené. Debout, sortons. Vous êtes loin de chez vous, suivez-moi.

Sampson suivit la sybille qui le conduisit à travers les bois par un chemin beaucoup plus court que celui qu'il aurait pris. Ils arrivèrent sur la grande route; elle marcha devant lui d'un pas rapide jusqu'à ce qu'elle eût gagné le sommet d'une petite hauteur qui dominait le chemin.

— Arrêtez-vous ici, dit-elle. Voyez-vous comme les rayons du soleil couchant percent l'épais nuage qui a obscurci la journée. Voyez comme ils éclairent la tour de Donagild, la plus vieille tour du château d'Ellangowan. Ce n'est pas un vain présage. Regardez comme une nue sombre et noirâtre enveloppe la baie et le promontoire de son obscurité : ce n'est pas un signe douteux. J'étais dans ce lieu même, dit-elle en se redressant de manière à ne rien perdre de sa taille extraordinaire et en étendant ses longs bras, j'étais ici lorsque je prédis au feu lord d'Ellangowan

2.

la ruine de sa maison : tout ne s'est-il pas accompli ? C'est ici que j'ai brisé sur lui la baguette de paix.... M'y voici de nouveau, mais c'est pour prier Dieu de bénir et de faire prospérer l'héritier légitime des Bertram, afin qu'il rentre bientôt dans ses droits et qu'il soit le seigneur le plus juste qu'Ellangowan ait vu depuis trois siècles. Je ne vivrai pas assez pour en être témoin, peut-être ; mais il y aura assez d'yeux pour le voir, quoique les miens soient fermés pour toujours. Maintenant Abel Sampson, si jamais vous avez aimé la maison d'Ellangowan, portez mon message au colonel anglais, comme si la vie et la mort de l'innocent dépendaient de votre diligence.

Elle dit, et tournant le dos à Dominie étonné, elle regagna le bois qu'ils venaient de quitter par le même sentier qu'ils avaient suivi. Sampson étourdi la regarda un moment, puis obéissant à ses ordres, il prit le chemin de Woodbourne d'un pas qui ne lui était pas ordinaire, s'écriant à trois reprises différentes : Prodigieux ! prodigieux ! pro-di-gi-eux !

CHAPITRE II.

Ce que j'ai dit n'est pas une folie.

Hamlet.

COMME M. Sampson traversait l'avenue avec un visage effaré, la bonne femme de charge qui attendait son retour, s'avança vers lui : —— Que vous est-il donc arrivé, M. Sampson, lui dit-elle, c'est pire que jamais? Ces longs jeûnes vous causeront quelque maladie, il n'y a rien de si mauvais pour l'estomac. Au moins si vous por tiez quelques fruits dans votre poche.

—— Fuis loin de moi ! répondit Sampson, l'esprit tout plein du souvenir de son entrevue avec Meg Merrilies, et il s'avança vers la salle à manger.

—— N'entrez pas là : la nappe est enlevée depuis une heure , et le colonel prend la liqueur. Venez dans ma chambre , j'ai fait préparer quelques petits plats que le cuisinier va apporter dans le moment.

— *Exorciso te !* dit Sampson, c'est-à-dire, j'ai dîné.

— Dîné ! c'est impossible ; avec qui auriez-vous dîné, vous qui ne fréquentez personne ?

— Avec Béelzébub, je crois, dit le ministre.

— Il est ensorcelé, dit la femme de charge, en le laissant aller, il est ensorcelé ! il n'y a que le colonel qui soit capable de le conduire. Dieu nous protège ! c'est une triste chose de voir un homme si savant en venir à ce point ! Après cette exclamation, elle se retira dans sa chambre.

Cependant l'objet de sa pitié entra dans la salle à manger, où sa présence excita la plus grande surprise. Il était crotté de la tête aux pieds, et la pâleur naturelle de son visage était deux fois plus cadavéreuse qu'à l'ordinaire, tant était grand l'effet qu'avaient produit la peur, la fatigue et le trouble de son esprit. — Que veut dire tout ceci , M. Sampson , dit Mannering qui observa l'alarme que causait à miss Bertram l'état de son simple , mais fidèle ami.

—— *Exorciso* , dit Dominie.

— Comment , monsieur ?

—— Je vous demande pardon , honorable colonel ! mais mon esprit....

—— A pris son essor dans le s espaces imaginaires , je crois. Je vous en prie , M. Sampson , recueillez vos idées , et dites-moi ce que signifie l'état où je vous vois.

Sampson allait répondre , mais sa formule latine d'exorcisme vint encore au bout de sa langue. Il se tut prudemment et mit le papier de l'égyptienne dans les mains de Mannering , qui en rompit le cachet et en lut le contenu avec étonnement. —— C'est quelque plaisanterie , dit-il.

—— Il vient d'une personne qui ne plaisante pas , dit M. Sampson.

—— De qui donc le tenez-vous ?

Dominie , qui avait souvent montré de la

délicatesse dans ce qui touchait les intérêts de miss Bertram, se rappela les pénibles circonstances qui se liaient au souvenir de Meg Merriliès, regarda les jeunes personnes et demeura en silence. — Nous allons vous rejoindre dans un moment pour prendre le thé, Julie. Je vois que M. Sampson veut me parler en particulier. Maintenant qu'elles sont parties, racontez-moi, au nom de Dieu, ce qui vous est arrivé.

— C'est peut-être un message du ciel; dit Dominie, mais il est venu par la messagère de Béelzébub. C'est cette vieille sorcière Meg Merriliès, qu'on aurait dû brûler il y a vingt ans comme voleuse, sorcière et bohémienne.

— Etes-vous sûr que c'est elle? demanda vivement le colonel.

— Sûr, très-honoré colonel! il n'y a pas dans le monde deux visages semblables à celui de Meg Merriliès.

Le colonel se promenait dans la chambre à pas précipités, en réfléchissant à ce qu'il venait d'apprendre. « Envoyer

des gens pour l'arrêter.... mais Mac-Mor
lan est trop éloigné, et Sir Robert Hazlewood n'est qu'un faiseur de belles phrases ; d'ailleurs on peut ne pas la trouver
au même lieu , et son humeur silencieuse
peut encore la reprendre. Je ne veux pas,
quand je devrais passer pour un insensé,
négliger les avis qu'elle me donne. Plusieurs individus de sa tribu commencent
par être des imposteurs , et finissent par
devenir des enthousiastes ; d'autres sui-
vent une ligne intermédiaire , ne sachant
pas souvent s'ils en imposent aux autres
ou s'ils se trompent eux-mêmes. Ma conduite est toute simple : si mes efforts sont
infructueux , ce ne sera pas un désir dé-
placé de paraître sage qui les aura rendus
inutiles. »

Il sonna, et se fit suivre par Barnes
dans son cabinet, où il lui donna quelques ordres , dont le lecteur connaîtra
plus tard le résultat. Nous devons maintenant raconter une autre aventure, qui
ne doit pas être omise dans l'histoire de
ce jour remarquable.

Charles Hazlewood ne s'était pas ha-
sardé à faire une visite à Woodbourne
dans l'absence du colonel. Le caractère
de Mannering lui faisait présumer qu'elle
lui aurait été peu agréable. Tel était l'as-
cendant que ce digne militaire avait acquis
sur lui, qu'il se serait bien gardé de l'offenser sous le moindre rapport. Il vit,
ou crut voir, dans la manière d'agir du
colonel Mannering, une approbation ta-
cite de son amour pour miss Bertram. Il
s'aperçut plus facilement encore qu'il aurait désapprouvé toute tentative pour entretenir une correspondance particulière
avec elle, faite sans l'approbation de ses
parents, et il respecta cette barrière, autant par égards pour Mannering, qu'à
cause de miss Bertram, dont il était le
protecteur désintéressé. « Non, dit-il en
lui-même, je ne veux pas mettre ma
Lucy en danger de perdre cet asile, jusqu'à ce que je puisse lui en offrir un dans
ma maison. »

Cette courageuse résolution prise, quoique son cheval, selon sa constante habitude

tude, tournât souvent pour enfiler l'avenue de Woodbourne, où il avait coutume
de venir deux fois par jour, il sut
résister une fois à l'envie de descendre de cheval pour s'informer de la
santé des demoiselles, et leur offrir
ses services dans l'absence du colonel Mannering. Mais la seconde fois la tentation
fut si violente, qu'il résolut de ne pas s'y
exposer une troisième. Il se contenta
donc d'envoyer quelqu'un s'informer des
nouvelles de ces dames, et résolut de
faire à une famille des environs une visite
qu'il avait promise depuis long-temps,
se promettant d'être de retour pour féliciter des premiers Mannering sur son
heureux voyage. Il partit donc, et s'ar-
rangea de manière à savoir en peu d'heures l'arrivée du colonel, se proposant de
prendre congé de ses amis, assez tôt pour
venir dîner à Woodbourne, où il était
extrêmement familier. Il se flattait que
cette conduite paraîtrait simple et naturelle.

La destinée, qui fait si souvent le dé-

IV.   3

sespoir des amants , ne fut pas favorable
à Charles Hazlewood. Les fers de son
cheval demandaient d'être changés ,
à cause d'une forte gelée. La maîtresse de la maison resta fort tard dans
sa chambre , et se fit attendre pour
le déjeûner. Son ami voulut lui montrer
les petits que sa chienne favorite avait
mis bas ce matin même. Leurs couleurs
avaient fait élever quelques doutes sur la
paternité , et Hazlewood fut choisi pour
arbitre entre son ami et le valet de pied ,
pour savoir quels il fallait noyer , quels
il fallait garder. Le lord lui-même retint
long-temps notre jeune amant , tâchant ,
par tous les efforts de son éloquence ver-
beuse , d'insinuer à Sir Robert Hazlewood , par le canal de son fils , ses propres idées sur une route projetée. Nous
dirons , à la honte du jeune Hazlewood ,
que quoique le lord lui eût répété vingt
fois les lieux par où la route devait passer , il ne put comprendre de quel avan-
tage il serait qu'elle prît une autre direction. Mais ayant entendu que Glossin fa-

vorisait une des deux routes, son attention fut réveillée ; il se fit bien expliquer
la ligne que Glossin voulait faire adopter,
et promit que ce ne serait pas sa faute,
si son père ne votait pas pour l'autre. Ces
diverses interruptions lui firent perdre
toute la matinée. Il monta donc à cheval
trois heures plus tard qu'il ne l'avait résolu, et maudissant les belles dames, les
piqueurs, les chiens et les actes du par-
lement ; il vit que le temps était passé,
où il pouvait espérer d'être admis à
Woodbourne.

Il laissait de côté le chemin qui conduisait à ce château, se contentant de
voir de loin la fumée bleuâtre se perdre
dans la couleur pâle et terne d'une soirée
d'hiver, lorsqu'il aperçut Dominie qui
prenait un sentier à travers le bois. Il
l'appela, mais envain. L'honnête personnage, naturellement distrait, venait
en ce moment de se séparer de Meg Merrilies, et il était trop profondément occupé à méditer sur ses prophéties, pour
répondre à la voix d'Hazlewood. Celui-ci

fut donc obligé de poursuivre sa route ;
sans s'informer de la santé des demoiselles , sans faire quelque question qui
aurait pu faire prononcer le nom de miss
Bertram. N'ayant plus de raison pour se
hâter , il laissa tomber les rênes de son
cheval , et le laissa monter lentement ,
par un chemin étroit et creux , sur une
colline élevée , d'où l'on découvrait une
vaste étendue de pays. Hazlewood , loin
de considérer avec plaisir des terres dont
la plus grande partie devait un jour lui
appartenir , tournait toujours les yeux
vers les cheminées de Woodbourne , quoique , à chaque pas que faisait son cheval ,
la difficulté de regarder dans cette direction devînt plus grande. Il fut brusque-
ment tiré de sa rêverie par une voix trop
rude pour être celle d'une femme , et
trop aigre pour être celle d'un homme.
« Qui vous retient si long-temps sur la
route ? Faut-il que les autres fassent votre ouvrage ? »

Il leva la tête : celle qui lui parlait était
d'une grande taille , avait un large mou-

choir roulé autour de la tête, de longues
mèches de cheveux gris en sortaient; elle
était couverte d'un grand manteau rouge,
et portait à la main un bâton armé d'une
pointe de fer : c'était en un mot Meg
Merrilies. Hazlewood n'avait jamais vu
cette femme extraordinaire ; il tira les
rênes et s'arrêta tout-à-coup. —— Je crois,
continua-t-elle, que ceux qui prennent
intérêt à la maison d'Ellangowan ne se
coucheront pas cette nuit. Trois hommes
ont été vous chercher et vous allez dormir dans votre lit ! Croyez-vous que si
le frère périt, la sœur en sera plus heureuse ? non, non !

—— Je ne vous comprends pas, bonne
femme, dit Hazlewood ; si vous voulez
parler de miss..... je veux dire de quelqu'un de la famille de feu Ellangowan,
dites-moi ce que je puis faire pour eux.

De feu Ellangowan ? répondit-elle avec
véhémence. Quand a-t-il existé , quand
existera-t-il une famille d'Ellangowan autre que celle qui porte le beau nom de
Bertram ?

3.

— Mais que voulez-vous dire, bonne femme ?

— Je ne suis pas une bonne femme ; tout le monde sait bien que je suis une méchante femme, et on est bien fâché que je ne sois pas meilleure. Mais je peux faire ce qu'une bonne femme ne pourrait ni n'oserait. Je ferais ce qui glacerait le sang dans les veines de celles qui ne savent que tenir leurs enfants entre leurs bras et les balancer dans leurs berceaux. Écoutez-moi : On a retiré les gardes de la douane de Portanferry, et on les a faits venir à Hazlewood-house par les ordres de votre père, qui croit que sa maison doit être attaquée cette nuit par les contrebandiers. Personne n'y touchera. Il est d'un sang noble et pur..... j'ai peu de chose à dire de lui, mais personne ne lui veut du mal. Renvoyez paisiblement les cavaliers à leur poste. Veillez à ce qu'ils fassent leur devoir cette nuit : les canons se feront entendre et les glaives brilleront à la clarté de la lune.

— Bon Dieu ! Que voulez-vous dire ?

Vos gestes et vos paroles me feraient croire que vous êtes insensée ; mais vos discours ont entr'eux une étrange liaison.

— Je ne suis pas folle ! On m'a emprisonnée, on m'a battue, on m'a bannie comme folle , mais je ne le suis pas. Ecoutez , Charles Hazlewood d'Hazlewood ; conservez-vous du ressentiment contre celui qui vous a blessé ?

— Non , Dieu m'en garde ! Mon bras est guéri , et j'ai toujours dit que le coup était parti par accident. Je voudrais que le jeune homme pût en dire autant.

— Faites donc ce que je vous dis , et vous lui ferez plus de bien que ce qu'il vous a jamais fait de mal. Si vous le laissez entre les mains de ses ennemis, il ne sera demain qu'un cadavre, ou un malheureux banni. Mais il y a là haut quelqu'un qui est le maître de tout. Faites ce que je vous dis , renvoyez les soldats. Le château d'Hazlewood n'a pas plus à craindre que celui de Cruffell-fell. — En parlant ainsi, elle s'enfuit avec sa vîtesse accoutumée.

L'aspect imposant de cette femme, le mélange de folie et d'enthousiasme qui animait ses discours, manquaient rarement de produire la plus vive impression sur ceux qui l'écoutaient. La clarté et la liaison de ses phrases prouvaient qu'elle n'était pas insensée, mais sa véhemence et l'extravagance de ses gestes décelaient un cerveau dérangé. Elle paraissait emportée par une imagination en délire, plutôt que par un dérèglement d'idées habituel. On ne saurait croire quels effets différents produisent ces deux états sur l'esprit de l'auditeur. C'est peut-être une raison pour laquelle ses ordres étranges et mystérieux étaient ponctuellement exécutés. Il est certain, du moins, que le jeune Hazlewood fut vivement frappé de cette apparition soudaine et de ce ton impératif. Il se dirigea d'un pas rapide vers Hazlewood-house. La nuit était arrivée avant qu'il eût atteint le château, et ce qu'il vit en entrant confirma l'avis de la sybille.

Trente chevaux de dragons étaient atta-

chés tous ensemble par la bride sous un
hangar, près des offices. Trois ou quatre
soldats étaient en faction, tandis que les
autres se promenaient devant la maison
avec leurs longs sabres traînants et leurs
lourdes bottes. Hazlewood demanda à un
sous-officier d'où ils venaient. — De Portanferry.

— Y avez-vous laissé une garde ?

— Non ; nous avons été appelés par
Sir Robert Hazlewood pour défendre sa
maison contre une attaque des contrebandiers.

Charles Hazlewood chercha aussitôt son
père, et lui ayant rendu ses devoirs,
il lui demanda pourquoi il avait jugé nécessaire de faire venir cette troupe. Sir
Robert assura son fils que, d'après les
avis, les informations et les nouvelles qu'il
avait reçues, qui lui avaient été commu-
niqués, il avait les meilleures raisons de
penser, de croire et d'être convaincu,
qu'une attaque terrible devait être tentée
et mise à exécution cette nuit contre Hazlewood-house par une bande de contre-

bandiers , de bohémiens et d'autres brigands. — Et pourquoi, dit Charles , ces gens-là tourneraient-ils plutôt leur fureur contre nous, que contre toute autre famille ?

— Mon avis est , monsieur , répondit Sir Robert, tout en déférant à votre sagesse et à votre expérience , que dans ces occasions , la vengeance de ces coquins est dirigée contre les personnes les plus distinguées par leur rang , leurs talents , leur naissance et leurs richesses , qui ont déjoué leurs projets criminels.

Le jeune Hazlewood qui connaissait le faible de son père , répondit que sa surprise ne venait pas de ce que Sir Robert craignait d'être attaqué , mais qu'il s'étonnait qu'on osât insulter une maison défendue par tant de domestiques , et où les vassaux voisins se rendraient au moindre signal. Il ajouta qu'il doutait beaucoup si la réputation de sa famille ne serait pas blessée, de ce qu'on enlevait des soldats à leur devoir , et de ce qu'on dégarnissait la douane , comme si l'on n'éait pas assez fort pour se défendre soi-même. Il donna même à entendre que leurs ennemis profiteraient de cette occasion pour les accabler de leurs sarcasmes.

Sir Robert Hazlewood fut ébranlé par ce dernier avis ; car, comme tous les hommes d'un esprit borné, il ne haïssait et ne craignait rien tant que le ridicule. Il prit alors un air de dédain, comme s'il voulait faire accroire qu'il méprisait l'opinion publique ; mais l'embarras qui se peignait sur son visage, montrait assez la crainte qu'elle lui inspirait.

— J'aurais cru, dit-il, que l'injure qui a été faite à ma famille dans votre personne, de vous qui êtes le représentant et l'héritier présomptif de la maison d'Hazlewood, j'aurais cru, dis-je, que cette injure justifiait assez aux yeux de la partie la plus noble et la plus respectable du peuple, les précautions que je prends pour prévenir et empêcher un nouvel outrage.

— Faut-il donc que je vous rappelle

encore ce que je vous ai dit si souvent,
que le coup était l'effet du hasard ?

— Monsieur, ce n'était point l'effet
du hasard ; mais vous voulez en savoir
davantage que vos parents.

— Certainement, dans ce qui me touche de si près.....

— Monsieur, cela ne vous touche que
d'une manière secondaire, c'est-à-dire,
cela ne vous touche pas, vous qui n'êtes
qu'un jeune étourdi, qui ne prenez plaisir qu'à contredire votre père, mais cela
touche de près le canton, monsieur ; le
comté, monsieur ; le public, monsieur,
et le royaume d'Écosse, monsieur, en ce
que les intérêts de la maison d'Hazlewood
sont lésés, blessés et mis en péril, dans
vous, par vous et à cause de vous, monsieur. Le coquin est en lieu sûr, et M.
Glossin pense.....

— M. Glossin ?

— Oui, monsieur, le gentilhomme qui
a acheté Ellangowan. Vous savez qui je
veux dire, je crois ?

— Oui, monsieur ; mais je ne m'at-
tendais

tendais pas à vous entendre citer une telle
autorité. Quoi ? ce fripon dont tout le
monde connaît l'avarice et les basses in-
trigues, et que je soupçonne de quelque
crime plus abominable ? Et vous-même,
depuis quand donnez-vous le titre de gentilhomme à un tel individu ?

—— En l'appelant ainsi, Charles, je
n'entends pas donner au mot de gentilhomme, le sens propre, la signification
précise à laquelle on devrait restreindre
son usage, mais je m'en sers comme un
mot qui indique le rang où il s'est élevé ;
qui désigne une personne honnête, riche,
estimable.

—— Permettez-moi de vous demander
si c'est par les ordres de cet homme qu'on
a retiré les gardes de Portanferry ?

—— Monsieur, je pense que M. Glossin
n'oserait pas donner des ordres, ni même
un avis, à moins qu'on ne les lui deman-
dât, dans une affaire où Hazlewood-
house (*) et la maison d'Hazlewood, (j'eu

_____

(*) *House* signifie maison en anglais.

tends par le premier mot la demeure de
ma famille , et par l'autre j'indique mé-
taphoriquement et paraboliquement ma
famille elle-même) où , dis-je , Hazlewood-house et la maison d'Hazlewood
sont immédiatement intéressées.

— Je présume , cependant, qu'il a approuvé votre dessein.

— J'ai regardé comme une chose dé-
cente, légitime et convenable de consulter
le magistrat le plus voisin , dès que le
bruit de l'outrage qu'on me préparait est
parvenu à mes oreilles ; et quoique , par
respect et par déférence, il n'ait pas voulu
signer l'ordre , il a cependant approuvé
tous mes arrangements.

On entendit en ce moment un cheval
arriver au galop dans l'avenue. Bientôt
la porte s'ouvrit , et M. Mac-Morlan se
présenta. — Ma visite peut paraître in-
discrette, Sir Robert , mais.....

— Permettez , M. Mac-Morlan , votre
place de substitut du shériff vous appelant
à veiller à la sûreté du comté et vos sentiments particuliers vous engageant sans

doute à protéger Hazlewood-house, vous
avez un droit reconnu et incontestable,
d'entrer dans la maison du premier gentilhomme de l'Ecosse, sans y être appelé, bien entendu que c'est le devoir de
votre charge qui vous y amène.

— C'est en effet le devoir de ma
charge qui me rend importun, dit Mac-
Morlan qui attendait avec impatience le
moment de parler.

— Il n'y a pas là d'importunité, répondit le Baronnet en agitant gracieuse-
ment la main.

— Permettez-moi de vous dire, Sir
Robert, que je ne viens pas demeurer ici,
mais ramener ces soldats à Portanferry,
et vous assurer que je réponds de la sûreté de votre maison.

— Pour retirer la garde d'Hazlewood-
house? Et vous en répondez! Et qui êtes-
vous, je vous prie, pour que votre caution, votre gage, votre garantie soient
suffisants pour la sûreté d'Hazlewood-
house? Je pense, monsieur, que si quelqu'un de ces portraits de famille était dé-

rangé, détruit ou dégradé, il me serait
difficile d'en réparer la perte avec la
garantie que vous m'offrez si obligeam-
ment.

— Dans ce cas, j'en serais extrêmement fâché, Sir Robert ; mais j'espère
que nous n'aurons pas à déplorer une
perte si irréparable. Je vous assure qu'on
ne fera aucune tentative contre Hazlewood-
house, et j'ai appris qu'on n'a semé ce
bruit que dans le dessein d'éloigner les
soldats de Portanferry. Dans cette conviction je dois employer mon autorité à
faire retourner toute la troupe, ou au
moins la plus grande partie. Je regrette
beaucoup que mon absence ait déjà apporté tant de retard, et je vois que nous
n'arriverons à Portanferry que fort avant
dans la nuit.

Comme l'autorité de M. Mac-Morlan
était supérieure à celle du baronnet, et
comme il s'exprimait d'un ton péremp-
toire, celui-ci, quoique vivement offensé,
se contenta de répondre : — Fort bien,
monsieur ; c'est fort bien. Emmenez-le

tous ; je ne veux pas que vous en laissiez
un. Nous sommes assez forts pour nous
défendre nous-mêmes. Mais vous aurez la
bonté d'observer, monsieur, que vous
répondez, à vos propres risques et périls,
de tout ce qui peut arriver à Hazlewood-
house, à ses habitants, à ses meubles et
à ses portraits.

— Ce n'est qu'après une mûre réflexion que j'ai agi de la sorte. Excusez-moi
si je vous quitte sans cérémonie, il est
déjà fort tard.

Mais Sir Robert, sans daigner écouter
ses excuses, s'occupa d'armer ses domestiques. Charles Hazlewood aurait voulu
accompagner les militaires qui étaient prêts
à partir pour Portanferry, et qui étaient
déjà à cheval et en rang sous les ordres
de M. Mac-Morlan, comme magistrat ci-
vil. Mais il craignit de chagriner et d'offenser son père, en le quittant au moment
où il se croyait entouré d'ennemis. Le
jeune Hazlewood regardait donc par la
fenêtre avec un déplaisir secret, lorsqu'il
entendit l'officier commander : « Par le

flanc droit, et par files à droite, marche.
Au trot. » La compagnie s'éloignant d'un
pas rapide et uniforme disparut bientôt,
et le bruit des chevaux cessa promptement
de se faire entendre.

CHAPITRE III.

...... A grands coups de marteaux
Nous abattons la porte et brisons les barreaux,
Pour arracher Kinmont à sa prison cruelle.

Vieille Ballade.

Retournons à Portanferry, où nous
retrouverons Bertram et son fidèle ami, in-
nocents habitants d'un séjour bâti pour le
crime. Dinmont dormait d'un profond
sommeil; mais Bertram s'éveilla bien avant
minuit et ne put retomber dans cet heureux état d'oubli. Cette insomnie augmentait encore l'inquiétude de son esprit et il
se trouvait fatigué par la fièvre et une op-
pression de poitrine qu'il attribuait au dé-
faut d'air dans une chambre aussi étroite.
Après avoir respiré quelque temps les

vapeurs insalubres de cet atmosphère, il se leva pour ouvrir la fenêtre et introduire dans la chambre un air plus pur. Hélas! ses premiers essais lui rappelèrent qu'il était prisonnier et qu'en construisant ce triste lieu, l'on avait pensé à prévenir l'évasion des détenus, mais non à leur procurer une habitation saine et commode. Trompé dans son attente, il resta un moment devant la fenêtre qu'il ne pouvait ouvrir. Wasp, quoique harassé par le voyage de la veille, se leva pour venir frotter son poil frisé contre les jambes de son maître et lui exprimer, par un léger murmure, sa joie de lui être rendu. Charmé de cette société et voulant laisser à la fièvre qui le dévorait le temps de se calmer, pour que son sang moins agité lui permît de prendre encore quelques instants de repos, Bertram s'occupa à regarder la mer. La marée était à sa plus grande élévation, et les flots roulaient avec bruit et venaient se briser près de l'édifice. De temps en temps une vague surmontait la digue qui en défendait les approches et elle s'y brisait avec plus de force et de fracas que sur un sable uni. A la faible clarté d'une lune pâle et souvent obscurcie par les nuages, il voyait l'océan élever ses flots écumeux qui dans leur choc rapide se mêlaient et se croisaient ensemble. « Ce spectacle imposant et tumultueux ressemble, disait Bertram, à l'agitation de ma vie entière. Quand finira cette cruelle incertitude ? Quand pourrai-je, dans un asyle tranquille, cultiver en paix et sans trouble ces arts auxquels je n'ai jamais pu me livrer. Une ardente imagination entend, dit-on, au milieu du bruyant murmure des flots, la voix des Nymphes et des Tritons ; que ne suis-je doué de ce pouvoir ? Que ne puis-je appeler et voir s'élever au-dessus de l'onde quelque Syrène ou Protée pour me dévoiler les étranges arrêts des destins dont je suis le jouet ! Heureux ami, dit-il en regardant le lit où Dinmont avait reposé son énorme stature, tous tes soucis sont bornés au cercle étroit des soins de ta famille et de tes troupeaux. Oubliant tes

occupations , tu jouis du doux repos
que t'ont préparé tes travaux de la journée ! »

Dans ce moment ses réflexions furent
interrompues par Wasp qui , s'élançant
contre la fenêtre , se mit à aboyer et à
hurler d'une manière furieuse. Ses cris
frappèrent l'oreille de Dinmont , mais
sans dissiper l'illusion qui le transportait
sur ses montagnes. « Paix là ! Yarrow ,
paix là ! » murmurait-il , croyant parler
à son chien berger. Bientôt les hurlements
du dogue de la cour repondirent aux
aboiements du basset. Il avait jusqu'alors
gardé le silence , sauf quelques murmures
sourds qu'il poussait lorsque la lune se dé-
gageait tout-à-coup des nuages. Maintenant
ses cris furieux et continuels semblaient
excités par un tout autre motif que les
aboiements de Wasp qui le premier avait
donné l'alarme et que son maître avait
réduit , non sans peine , à ne plus faire
entendre qu'un murmure sourd de mé-
contentement. Bertram ayant redoublé
d'attention crut apercevoir une barque

et entendre le bruit des rames et le son
des voix humaines se mêler au bruit des
vagues. « Ce sont des pêcheurs, pensait-
il, ou des contrebandiers de l'Isle de Man.
Ils sont bien hardis d'approcher de la
douane où il doit y avoir des sentinelles....
c'est un grand et long bateau rempli de
monde, sans doute il appartient aux douaniers. » Bertram fut confirmé dans cette
opinion en voyant le bâteau se diriger vers
un quai qui était derrière la douane. L'é-
quipage au nombre de vingt personnes
qui sautèrent à terre l'une après l'autre,
se glissa en silence par une petite rue qui
séparait la douane du Bridewel, laissant
seulement deux hommes pour garder le
bâteau.

D'abord le bruit des rames et ensuite
la voix étouffée de ces hommes excitèrent
la colère du vigilant cerbère en sentinelle
dans la cour. Il se mit à hurler d'une manière si horrible et si continuelle, que le
sommeil de son maître, non moins bru-
tal que lui, en fut troublé. « Paix-là ! te
tairas-tu, Tearum ? » Cria-t-il de sa fenê-

tre en jurant. Les hurlements de Tearum ne discontinuèrent pas , et empêchè-
rent même son maître d'entendre la cause
de ses alarmes. Mais sa terrible moitié
avait l'oreille plus fine que son charmant
époux. Elle se mit aussi à la fenêtre.
« Descend , dit-elle , paresseux , lache le
chien. Ne vois-tu pas que ce sont des mal-
veillants qui veulent pénétrer dans la douane , tandis que le vieil Hazlevood en a retiré la garde? Mais tu n'a pas plus de cœur
qu'un lapin. » L'amazone descendit pour
faire elle-même cet office , tandis que son
mari , redoutant une insurrection intérieu-
re , visita la porte de tous les cachots pour
voir si personne ne remuait.

Le bruit dont nous venons de parler venait du devant de la maison et n'était, par
conséquent , qu'imparfaitement entendu
par Bertram dont l'appartement, comme
nous l'avons déjà dit , donnait sur le derrière du côté de la mer. Il fut frappé cependant de ce mouvement qui n'était point
d'accord avec le silence qui doit régner
dans une prison, surtout après minuit et

il ne put s'empêcher de croire qu'il se passait quelque chose d'extraordinaire. Dans cette persuasion il prit le bras de Dinmont et le secoua. « Eh ! aye ! oh ! Ailie, femme, il n'est pas encore temps de se lever, » murmura le montagnard encore endormi. Mais secoué plus vivement par Bertram, il se réveilla tout-à-fait, se frotta les yeux et dit : — Eh bien, eh bien, qu'y a-t-il de nouveau ?

— Tout ce que je puis vous dire, c'est que le feu est à la prison ou qu'il arrive quelque chose d'extraordinaire. Entendez-vous le bruit des portes qui s'ouvrent et qui se ferment ? entendez-vous ces cris, ces murmures, ce bruit éloigné à l'extérieur ? au nom du Ciel, levez-vous et tenons-nous sur nos gardes.

Aussi intrépide que ses braves ancêtres, lorsqu'ils voyaient briller les signaux embrâsés sur les montagnes, Dinmont à l'idée du danger, se leva aussitôt. « Capitaine, au diable la maison ! on ne peut en sortir le jour ni y dormir la nuit. Je n'y tiendrais pas quinze jours.... Quel vacarme

carme ! si nous pouvions avoir de la lumière ! Wasp, Wasp, chut! tais-toi,
mon ami, que nous puissions entendre...
diable, veux-tu te-taire ? » Ils cherchèrent
en vain dans la cendre un charbon pour
allumer leur chandelle. Le tumulte continuait toujours au dehors. Dinmont se
mit à son tour à la fenêtre. —— Venez-
ici, capitaine, au nom de Dieu ! Ils ont
forcé la douane.

. Bertram y courut et vit distinctement
une foule de contrebandiers et de brigands
de toute espèce ; les uns tenaient des torches allumées, les autres portaient des
ballots et des barils à la barque qui était
amarrée au quai et à laquelle s'étaient joints
quelques bateaux de pêcheurs. On les
chargeait les uns après les autres et plusieurs avaient déjà gagné la pleine mer.

—— Leur occupation est facile à deviner,
dit Bertram, mais je crains qu'il n'arrive
quelque chose de pire. Ne sentez-vous pas
une forte odeur de fumée ou l'ai-je dans
l'imagination ?

—— Dans l'imagination? non pas, mor-

IV.   5

bleu, c'est une fumée d'enfer. Ils brûlent
la douane, le feu va se communiquer à
la prison et nous grillerons comme des
boudins. Diable ! c'est qu'il n'est pas
agréable d'être brûlé vif comme un sor-
cier. Eh ! Mac-Guffog ! Mac-Guffog ! cria-
t-il d'une voix de tonnerre, si tu as encore
quelque os dans ta peau ; viens nous ouvrir.

L'incendie faisait des progrès rapides
et de noirs tourbillons de fumée passaient
devant la fenêtre où Bertram et Dinmont
étaient en faction. Tantôt poussé par le
vent un nuage de vapeurs dérobait tout à
leur vue ; tantôt une lumière rougeâtre
éclairait la terre et la mer, et leur montrait des figures hideuses qui s'empres-
saient de charger les bateaux avec une fé-
roce activité. Le feu triomphait de tous
les obstacles ; d'énormes jets de flammes
s'élançaient de chaque fenêtre de l'édifice,
une noire fumée obscurcissait l'horizon
et des tisons embrâsés étaient jetés contre
la prison. Des clameurs épouvantables
ajoutaient à l'horreur de cet affreux ta-
bleau ; car toute la canaille de cette petite

ville s'était jointe aux contrebandiers pour
partager leur butin, et malgré l'heure in-
due, le tumulte était à son comble.

Le sort déplorable qui les attendait
commençait à inquiéter Bertram. Un silence effrayant régnait dans l'intérieur de
la prison. Il semblait que les geoliers
avaient déserté leur poste et abandonné
les prisonniers à la voracité du feu. Cependant une attaque fut dirigée contre la
porte extérieure qui fut bientôt forcée à
l'aide des marteaux et des leviers. Les
domestiques, en l'absence de leurs dignes
chefs qui s'étaient véritablement enfuis,
s'empressèrent de donner les clés. Les
prisonniers furent délivrés ; ils se mêlèrent
aux brigands et signalèrent leur reconnaissance par les éclats d'une joie bruyan-
te. Au milieu de cette confusion trois ou
quatre contrebandiers pénétrèrent dans
l'appartement de Bertram, armés de sabres et de pistolets et portant des torches
allumées. — Diable ! dit celui qui paraissait le chef, voici notre homme. Deux
brigands le saisirent à l'instant ; mais l'un

des deux, lui dit tout bas à l'oreille : Ne
faites aucune résistance jusqu'à ce que
vous soyez dans la rue. Le même individu saisit le moment de dire à Dinmont:
Suivez votre ami et aidez-le lorsqu'il en
sera temps.

Dans ce trouble, Dinmont obéit et suivit de près les deux contrebandiers qui
entraînèrent Bertram dans un corridor
sombre, le firent descendre l'escalier,
traverser la cour éclairée par l'incendie
et le conduisirent dans la rue étroite sur
laquelle s'ouvrait la porte de la prison.
Au milieu du désordre les hommes de
la bande se trouvèrent séparés les uns des
autres. Dans ce moment, un bruit pareil
à celui d'un corps de cavalerie qui s'a-
vance au galop augmenta la confusion.
— Tonnerre et tempête! dit le chef qui
marchait en avant, que diable est ceci ?
rassemblez-vous et veillez sur le prisonnier. Mais en dépit de cet ordre, ceux
qui conduisaient Bertram furent les derniers de la troupe.

Un violent combat s'engageait à la tête.

La plus grande agitation régnait parmi
la foule ; les uns cherchoient à s'échapper,
tandis que les autres voulaient se défendre.
On entendait des coups de feu et le cli-
quetis des sabres. — C'est le moment,
dit la voix protectrice, débarrassez-vous
de votre voisin et suivez-moi.

Bertram, déployant tout d'un coup ses
forces, se tira bientôt des mains de celui
qui le tenait du côté droit. Le brigand
surpris porta les mains à ses pistolets.
Mais un violent coup de poing, auquel
un bœuf n'aurait pas résisté, fut asséné
sur sa tête par Dinmont et le renversa.
« Suivez-moi promptement, » dit le fidèle
inconnu, et ils gagnèrent une petite rue
étroite et obscure.

Personne ne les poursuivit. L'attention
des contrebandiers était trop désagréable-
ment occupée par l'apparition soudaine
de Mac-Morlan et de son corps de cavalerie. Il serait arrivé à temps pour empêcher cet attentat, si un faux avis n'avait
prévenu ce magistrat que les contrebandiers devaient débarquer à la baie d'El-

5.

langowan : ce qui lui fit perdre deux heures. Nous ne croyons pas manquer de
charité en l'attribuant à Glossin si profondément intéressé au succès de l'attaque
de Portanferry , qui ayant appris le départ des soldats d'Hazlewood-house , voulut donner le change à Mac-Morlan.

Cependant Bertram suivait son guide
et Dinmont marchait après lui. Les cris
de la multitude , le bruit des chevaux , les
coups des armes à feu , frappaient toujours, quoique plus faiblement leurs orei-
les , lorsqu'au bout de la rue , ils trouvèrent une chaise de poste avec quatre
chevaux. —— Êtes-vous ici au nom de
Dieu ? dit le guide au postillon qui tenait
les rênes.

— Oui , j'y suis; plût-à-dieu que je
fusse partout ailleurs.

— Ouvrez-donc la portière, et vous ,
messieurs , montez : en peu de temps vous
serez en lieu de sûreté. Et vous , ajouta-
t-il en s'adressant à Bertram , souvenez-
vous de la promesse que vous avez faite
à l'égyptienne.

Bertram décidé à se confier aveuglement à une personne qui venait de lui rendre un si grand service, monta dans la voiture. Dinmont le suivit, Wasp sauta après eux et la chaise partit au grand galop. — Que le ciel nous protège ! dit Dinmont , voilà la plus drôle d'aventure..... mais j'espère quelle finira heureusement. Mais que va devenir mon pauvre Dumple ? je préférerais être sur son dos que dans cette voiture du diable.]

Bertram observa qu'on ne pouvait pas aller bien loin d'une manière si rapide sans changer de chevaux. Il promit de faire ensorte qu'on fît halte jusqu'au jour dans la première auberge et de tâcher de savoir quel était le but de leur voyage. Alors M. Dinmont pourrait donner des ordres pour qu'on eût soin de son fidèle cheval. — Bon , bon , dit Dandie , si nous n'étions pas enfermés dans cette boîte roulante , on ne nous mènerait pas où nous ne voudrions pas aller.

Tandis qu'ils parlait ainsi , la voiture tourna tout-à-coup et leur montra , par

la portière de gauche, Portanferry à
quelque distance, éclairé par des torrents
de flamme. L'incendie avait gagné le ma-
gasin où étaient renfermés les barils d'eau-
de-vie et de liqueurs. Une colonne de feu
s'élevait à une hauteur prodigieuse. Ils
ne purent admirer long-temps ce spectacle, car la route se détournant encore
les conduisit dans une allée sombre entre
deux plantations où la voiture roulait dans
une obscurité totale, sans que sa vitesse
en fût ralentie.

CHAPITRE IV.

Heureux qui rit, boit, déraisonne et chante !

Les Fastes.

Revenons à Woodbourne où nous avons
laissé le colonel venant de donner quelques
ordres à son domestique. Lorsqu'il rentra
dans le salon, sa distraction, l'air soucieux
et inquiet qu'il n'avait pas d'ordinaire
frappèrent les demoiselles. Cependant

Mannering inspirait un tel respect, que ceux même qu'il aimait le plus n'osaient pas lui faire la moindre question. L'heure du thé étant arrivée, on le prenait en silence, lorsqu'une voiture s'arrêta à la porte et la sonnette annonça une visite. « Si c'était quelques heures plus tard, dit Mannering, je croirais.... »

Il se tut et un moment après Barnes, ouvrant la porte du salon, annonça M. Pleydell. On vit entrer l'avocat dont l'habit noir soigneusement brossé, la perruque bien poudrée, les manchettes de dentelles, les bas de soie et les souliers luisants montraient quels soins il avait mis à se mettre en état d'être présenté à ces dames. Mannering le reçut en lui serrant affectueusement la main. — Vous êtes l'homme, lui dit-il, que je désirais le plus de voir en ce moment.

— Oui ? je vous avais bien dit que je saisirais la première occasion. J'ai quitté le palais pour une semaine du temps des assises : ce n'est pas là, j'espère, un petit sacrifice ; mais je prévois que ma présence ne sera

pas inutile, et je viens en même temps pour
chercher quelques preuves. Mais ne me
présentez-vous pas aux jeunes demoiselles ? Ah ! en voici une que je reconnais
d'abord à son air de famille. Miss Lucy
Bertram, mon amour, que je suis aise de
vous voir ! Il la serre dans ses bras et
lui donne sur chaque joue un gros baiser
que Lucy reçoit en rougissant. —— On ne
s'arrête pas en si beau chemin, continua
l'aimable vieillard et, comme le colone.
lui présentait Julie, il prit la même liberté avec elle. Julie sourit, se troubla et
s'échappa de ses mains. Je vous demande
mille pardons, dit l'avocat en faisant un
salut qui n'avait rien de le pédanterie ordinaire à sa profession, mon âge et nos
vieilles coutumes me donnent ces privilé-
ges, et je ne saurais dire si je suis plus
fâché de pouvoir les réclamer, qu'heureux d'avoir l'occasion d'en user si agréa-
blement.

—— Sur ma parole, monsieur, dit miss
Mannering en riant, si vous mêlez tant
de flatteries avec vos excuses, je ne sais si
je les recevrai.

— Vous avez parfaitement raison, Julie, dit le colonel; personne n'est plus dangereux que mon ami l'avocat: la dernière fois que j'eus le plaisir de le voir, je le trouvai tête-à-tête avec une belle dame à huit heures du matin.

— Vous devriez ajouter, colonel, que c'était mon chocolat plutôt que mes charmes qui m'attiraient une telle faveur de la part d'une personne aussi respectable que mistress Rebecca.

— Cela me rappelle, M. Pleydell, dit Julie, de vous offrir du thé, en supposant toutefois que vous avez dîné.

— De vos mains on ne peut rien refuser, miss Mannering; oui, j'ai dîné.... c'est-à-dire comme on dîne dans une auberge d'Écosse.

— Fort mal, n'est-ce pas? dit le colonel en portant la main au cordon de la sonnette, permettez-moi de faire apporter quelque chose.

— A vous dire le vrai, c'est inutile. Je me suis arrêté un instant en bas pour quitter mes bottes, qui sont trop larges

pour mes jambes amaigries (il jette un
regard sur ses mollets qui étaient encore
fort bien faits pour son âge), et j'ai eu
une conversation avec votre Barnes et
une personne fort intelligente que je crois
être la femme-de-charge. Nous avons décidé, *totâ re perspectâ*, je demande pardon à miss Mannering de parler latin devant elle, que la ménagère ajouterait à
votre ordinaire une paire de canards sauvages. Je lui ai fait part, toujours avec
la plus profonde soumission, de mes idées
sur la sauce, et nous attendrons, si cela
vous convient, qu'ils soient prêts avant
de rien manger de substanciel.

— Nous avancerons l'heure du souper,
dit le colonel.

— De tout mon cœur, pourvu que
je ne sois pas privé de la compagnie de
ces dames un moment plutôt. Je suis de
l'avis de mon vieil ami B*** : j'aime le
cœna, le souper des anciens, où l'on
chasse, au milieu d'une aimable société
et de la bonne chère, les peines et les soucis qui vous ont assiégé tout le jour.

La

La vivacité de M. Pleydell et le peu
de cérémonie qu'il mit à se procurer ce
qui pouvait satisfaire ses goûts un peu épi-
curiens, amusa les deux demoiselles,
mais surtout miss Mannering qui lui ac-
corda une attention très-flatteuse pour lui.
Pendant qu'on prenait le thé, on se dit
de part et d'autre mille choses agréables
que nous n'avons pas le temps de répéter.

Dès qu'on eut fini, Mannering entraîna
l'avocat dans un petit cabinet contigu au
salon, où il y avait toujours de la lumière
et un bon feu pendant l'hiver.

Je vois, dit Pleydell, que vous avez
quelque chose à me dire sur les affaires
d'Ellangowan. Ces nouvelles viennent-elles
du ciel ou de la terre ? Que dit mon militaire Albumazar ? Avez-vous calculé le
cours des événements futurs ? Avez-vous
consulté vos éphémerides, votre Almo-
chodon, votre Almuten ?

— Non, mon cher conseiller, vous
êtes le seul Ptolomée à qui je veuille m'a-
dresser. Tel que Prospero, j'ai rompu
ma baguette et j'ai jeté mon livre dans

IV.   6

un gouffre profond. Cela ne m'empêche pas de recevoir de grandes nouvelles. Meg Merrilies, notre sybille égyptienne est apparue aujourd'hui même à Domi-nie, et ne l'a pas peu effrayé, je crois.

— Vraiment ?

— Oui, elle m'a fait l'honneur d'ou-vrir une correspondance avec moi, me supposant aussi profondément versé dans les mystères astrologiques que la pre-mière fois qu'elle me vit : voici la lettre qu'elle a donnée à Dominie.

— Pleydell mit ses lunettes. Quel grif-fonage ! quelles grandes lettres mal for-mées ! à peine si je puis déchiffrer quel-que chose.

— Lisez à haute voix.

— Je vais essayer. — *Vous savez bien chercher, mais vous ne savez pas trouver; vous soutenez la maison prête à tomber, mais vous prévoyez qu'elle va se relever. Que votre main aide à l'ouvrage qu'on fait en ce moment, de même que vos yeux ont découvert l'événement qui doit arriver. Ayez cette nuit à dix heures une voiture au bout de la rue de Crooked-Dykes à Portanferry, et qu'elle amène à Wood-bourne ceux qui vous demanderont :* Êtes-vous là AU NOM DE DIEU..... Attendez, il y a de la poésie :

> *Les ténèbres s'éclairciront*
> *Et les torts se redresseront,*
> *Lorsque le droit de la naissance*
> *Aux Bertram rendra leur puissance.*

Ce sont des vers tout-à-fait mystérieux, et dignes de la sybille de Cumes. Et qu'a-vez-vous fait ?

— Je risquais de perdre l'occasion d'avoir quelques lumières sur cette affaire. Cette femme est peut-être folle. Les avis qu'elle me donne peuvent être les visions d'une imagination malade. Vous pensez qu'elle connaît de cet événement plus de choses qu'elle n'en a jamais dit.

— Vous avez envoyé une voiture au lieu indiqué ?

— Vous allez rire si je vous avoue que je l'ai fait.

— Moi ? non certes ; c'est ce que vous aviez de plus sage à faire.

— Le pire sera de payer le louage de la voiture. J'ai envoyé de Kippletringan une chaise de poste et quatre chevaux avec les instructions nécessaires. Si la nouvelle est fausse, les chevaux auront à faire cette nuit une station longue et froide.

— J'espère que non. Cette femme s'est identifiée avec son rôle, ou, si tout ce qu'elle fait n'est qu'imposture, sans qu'elle se fasse un moment illusion à elle-même, elle se croit obligée de conserver jusqu'à la fin son caractère. Je la connais : je n'obtiendrais rien avec un interrogatoire ordinaire, et le parti le plus sage est de lui fournir l'occasion de tout découvrir par sa propre volonté. Avez-vous encore quelque chose à me dire, ou bien puis-je aller rejoindre ces dames ?

— Je suis dans une agitation extrême... non, je n'ai plus rien à vous dire... je vais compter les minutes jusqu'au retour de la voiture. Mais cela ne doit pas vous inspirer la même inquiétude.

— Non, peut-être. J'y suis certainement intéressé, mais j'espère que cet intervalle ne me paraîtra pas bien long, si ces dames veulent m'accorder la faveur de faire de la musique.

— Et avec l'aide des canards sauvages, n'est-ce pas ?

— C'est vrai, colonel ; l'incertitude du succès de la cause la plus importante inquiète rarement un avocat jusqu'à troubler son sommeil ou sa digestion. Cependant je languis d'entendre le bruit des roues de cette voiture.

En parlant ainsi, il se leva et rentra dans le salon voisin, où miss Mannering prit sa harpe, à sa prière. Lucy Bertram chantait d'une voix douce des romances écossaises, son amie l'accompagnait et jouait ensuite quelques sonates de Corelli avec une exécution brillante. Le vieil avocat qui jouait un peu de la violoncelle et qui était un des membres du concert à Édimbourg, était si charmé de cet agréable passe-temps, qu'il oubliait jusqu'aux canards sauvages, lorsque Barnes avertit la société que le souper était servi.

6,

— Dites à mistress Allan de tenir prêt quelques plats, dit le colonel, j'attends, c'est-à-dire j'espère.... quelqu'un arrivera peut-être cette nuit ; que personne ne se couche et qu'on ne ferme pas la porte extérieure sans que je l'ordonne.

— Papa, qui pouvez-vous attendre cette nuit ? dit Julie.

— Quelques personnes, des étrangers, qui veulent me parler d'affaires ; je n'en suis pas certain.

— Nous ne leur pardonnerons pas de venir nous troubler ; à moins qu'ils ne nous amènent quelqu'un d'aussi bonne humeur que M. Pleydell, mon ami et mon admirateur, car c'est le titre qu'il s'est donné.

— Ah ! miss Julie, dit Pleydell en lui offrant galamment le bras pour la conduire dans la salle à manger, il fut un temps..... quand je revins d'Utrecht en 1738.....

— Ne m'en parlez pas, je vous prie ; nous vous aimons beaucoup mieux com-

! me vous êtes. Utrecht! bon Dieu!... Je gage que vous avez passé le reste de votre vie à vous débarrasser de la rouille de votre éducation hollandaise.

— Je vous demande pardon, miss Mannering ; les Hollandais sont un peuple plus galant que ne l'avouent leurs légers voisins. Ils sont aussi constants et aussi réguliers qu'une horloge.

— Rien de si fatigant.

— D'un caractère imperturbable.

— De pis en pis.

— Et puis, lorsque pendant six fois trois cents soixante-cinq jours, votre amant aura placé votre fichu sur vos épaules, votre chaufferette sous vos pieds, qu'il aura tiré votre traîneau sur la glace pendant l'hiver, et sur le sable pendant l'été vous pouvez le renvoyer sans raison, sans excuse, le deux mille cent nonantième, ce qui fait, selon mon calcul et sans compter les années bissextiles, le cycle entier de son adoration, et cela sans que vous ayez rien à craindre des suites du désespoir de *Mein herr*.

— Cet éloge est digne d'un Hollandais, M. Pleydell. Les verres et les cœurs
perdraient tout leur mérite dans le monde
sans leur fragilité.

— Quant à cela, miss Mannering, i
est aussi difficile de trouver chez eux u₁
cœur inconstant, qu'un verre non fragile.
Je vous ferais l'éloge du mien, si je ne
voyais pas M. Sampson qui attend la fin
de notre conversation, les yeux fermés
et les mains jointes pour dire le bénédi-
cité. A dire le vrai, les canards sont for₁
appétissants. En parlant ainsi, le digne
conseiller se mit à table et suspendit ses
galanteries, pour faire honneur aux mets
savoureux placés devant lui. Il ne dit
rien pendant quelque temps, excepté que
les canards étaient bien rôtis et que la
sauce de mistress Allan était au-dessus de
tout éloge.

— Je vois, dit miss Mannering, qu
j'ai un formidable rival dans la faveur d
M. Pleydell, le soir même qu'il m'a vou
son admiration.

— Pardon, ma belle demoiselle, vos

rigueurs seules m'ont forcé à commettre
la faute de manger un bon souper en votre présence. Comment pourrais-je les
supporter, sans me fortifier contr'elles ?
D'après le même principe, je vous demande la permission de boire un verre
de vin avec vous.

— C'est encore une mode d'Utrecht,
M. Pleydell ?

— Je vous demande pardon, les Français, ces modèles en fait de galanterie,
appellent les maîtres de taverne, restau-
rateurs ; ils font allusion, sans doute, au
soulagement qu'ils apportent à l'amant
désolé de la sévérité de sa maîtresse. J'ai
besoin des mêmes secours. Faites-moi passer une autre aile, M. Sampson. Miss
Bertram me fera passer une tarte. Ayez
la bonté d'arracher l'aile, monsieur, au
lieu de la couper. M. Barnes vous aidera,
M. Sampson. Un verre de bière, M. Barnes, s'il vous plaît.

Tandis que le vieil avocat, charmé de
l'attentionque lui prêtait miss Mannering, l'amusait en s'amusant lui-même,

l'impatience du colonel commençait à n'a-
voir plus de bornes. Il refusa de s'asseoir,
sous prétexte qu'il ne soupait jamais, il
se promenait dans le salon à pas précipités, il ouvrait la fenêtre pour regarder
par l'avenue obscure, il écoutait pou
voir s'il n'entendrait pas le bruit éloigr
d'une voiture, enfin cédant à son impatience, il prit son chapeau et son manteau, sortit et poursuivit sa promenade jusqu'au bout de l'avenue, comme
s'il eût pu hâter l'arrivée des gens qu'i'
attendait. « Je ne voudrais pas, dit mis.
Bertram, que le colonel se hasardât à
sortir pendant l'obscurité. Vous devez
avoir entendu parler, M. Pleydell, de
l'effroi horrible que nous eûmes.

— Avec les contrebandiers ? Ce sont
mes vieux amis. J'en ai livré plusieurs à
la justice il y a long-temps.

— Et puis l'alarme que nous causa
immédiatement après, la vengeance de ce
scélérat.

— Lorsque le jeune Hazlewood fut
blessé ? J'en ai aussi ouï dire quelque
chose.

— Imaginez , mon cher M. Pleydell , de quelle crainte miss Mannering et moi nous fûmes saisies , lorsque ce brigand aussi terrible par sa force et sa taille que par ses traits hideux , se précipita sur nous.

— Vous saurez , M. Pleydell , dit Julie, piquée de voir ainsi traiter son amant ; que le jeune Hazlewood est si beau aux yeux des demoiselles de ce pays , qu'elles croient que tous ceux qui s'approchent de lui vont ternir sa beauté.

— Oh ! oh ! pensa Pleydell que sa profession avait rendu excellent observateur ; il y a quelque différent entre mes jeunes amies. Miss Mannering , je n'ai pas vu le jeune Hazlewood depuis son enfance, ainsi les dames peuvent avoir parfaitement raison ; mais je vous assure que si vous voulez voir de beaux hommes , vous n'avez qu'à aller en Hollande. Le plus beau garçon que j'aie jamais vu était un Hollandais ; quoiqu'il s'appelât Vanbost ou Vanbuster , ou quelqu'autre nom aussi barbare. Il ne doit plus être si beau maintenau j'en suis sûr.

Ce fut Julie qui rougit à son tour; mais le colonel rentra en ce moment — Je n'entends rien encore, dit-il ; il ne faut pas cependant nous séparer. Où est Dominie Sampson ?

—— Ici, honorable colonel.

—— Quel est le livre que vous avez dans les mains, M. Sampson ?

—— C'est le savant De Lyra, monsieur; je voudrais connaître le jugement de son honneur M. Pleydell sur un passage disputé, toujours sous son bon plaisir.

—— Je ne suis pas en veine, M. Sampson, répondit Pleydell; il y a ici un métal d'une vertu plus attractive. Je ne désespère pas d'engager ces dames à chanter quelques romances ; je tâcherai de faire la partie de basse. Emportez votre De Lyra, mon ami; gardez-le pour une saison plus favorable.

Dominie ainsi rebuté ferma le lourd volume, s'étonnant de ce qu'un homme si érudit s'occupait de bagatelles si frivoles. Mais l'avocat, s'inquiétant peu de ce que pouvait penser Dominie, remplit

un

un grand verre de Bourgogne, et après
avoir préludé avec une voix un peu cassée,
il invita les demoiselles à chanter avec lui
la romance : *Nous sommes trois pauvres
marins*, et il remplit lui-même sa partie
avec éclat.

—— Ne craignez-vous pas, mesdemoi-
selles, de faner vos roses en veillant si
tard ? dit le colonel.

—— Non, papa, répondit Julie ; M.
Pleydell nous menace de devenir demain
l'élève de M. Sampson, il nous faut donc
profiter ce soir de notre conquête.

On chanta encore un trio ; puis la conversation roula sur des sujets agréables.
Le son solitaire d'une heure avait reten-
ti depuis long-temps aux oreilles d'ébène
de la nuit, et le second signal du temps
qui s'écoule était prêt à frapper, lorsque
Mannering, dont l'impatience avait fait
place au chagrin de voir son attente frus-
trée, tira sa montre et dit : Il faut les
laisser..... lorsque en ce moment..... mais
ceci demande un chapitre séparé.

IV.   7

CHAPITRE V.

L'égyptienne a dit vrai. Tu n'es plus orphelin,
Tu n'es plus sans parents ; reconnais ton cousin ,
Tes deux frères, ta sœur ; voilà ta tendre mère,
Ton oncle, ton ayeul; pour moi je suis ton père.

La critique.

COMME Mannering remettait sa montre
dans le gousset, il entendit un bruit sourd
et éloigné.——C'est le bruit d'une voiture...
non, ce n'est que le sifflement du vent à
travers les feuilles desséchées. Venez à
la fenêtre, M. Pleydell. L'avocat qui , un
large mouchoir de soie à la main, parlait
avec Julie sur un sujet intéressant, obéit
cependant et s'approcha de la fenêtre en
environnant son cou de son mouchoir ,
pour se garantir du froid. Le bruit des
roues se faisait mieux distinguer , et Pleydell, comme s'il avait réservé toute sa curiosité pour ce moment, courut à la porte. Le
colonel se hâta d'ordonner à Barnes de faire
passer les personnes de la voiture dans

une chambre particulière, ne sachant qui
elle contenait. Mais elle s'arrêta avant
qu'il eût pu expliquer clairement ses intentions. Un moment après, M. Pleydell
se mit à crier : Voici notre ami de Liddesdale avec un grand camarade du même
calibre. A sa voix Dinmont s'arrêta et le
reconnut avec un plaisir qui égalait sa
surprise. — Tiens, c'est votre honneur,
on nous rendra donc toute la justice qui
nous est dûe.

Mais tandis que le fermier s'arrêtait
pour le saluer, Bertram, ébloui par
l'éclat d'une vive lumière et étourdi par
la singularité de sa situation, entra dans
le salon, presque sans y penser, et se
trouva en face du colonel qui s'avançait
vers lui. La grande clarté de l'appartement
ne laissait pas de doute sur son identité.
L'étonnement fut égal de part et d'autre.
Il faut remarquer que chaque personne présente avait des raisons particulières de regarder comme un fantôme celui qui paraissait si inopinément devant elle. Mannering voyait devant lui l'homme qu'il

croyait avoir tué dans les Indes; Julie retrouvait son amant dans la situation la plus critique; et Lucy Bertram reconnaissait celui qui avait blessé Charles Hazlewood. Bertram qui interprétait la stupéfaction du colonel comme une marque de son déplaisir, se hâta de dire que c'était involontairement qu'il se présentait devant lui et qu'il avait été amené de force sans savoir où on le conduisait.

— C'est M. Brown, je crois, dit le colonel Mannering.

— Oui, monsieur, je suis le même que vous avez connu dans les Indes. J'ose espérer que ce que vous connaissez de mon caractère ne vous empêchera pas de témoigner en ma faveur que je suis homme d'honneur et de probité.

— M. Brown.... rarement....jamais je n'ai été si surpris.... certainement, monsieur, vous avez le droit d'exiger mon témoignage.

Le conseiller et Dinmont entrèrent dans ce moment critique. L'avocat remarqua avec étonnement que le colonel revenait à peine de sa première surprise, que Lucy Bertram était prête à s'évanouir de terreur et que miss Mannering éprouvait une inquiétude mortelle qu'elle tâchait en vain de déguiser. — Que signifie tout ceci, dit-il, ce jeune homme tient-il dans ses mains la tête de la Gorgone ? Laissez-moi le regarder.... Dieu ! dit-il en lui-même, c'est l'image vivante du vieil Ellangowan !... La sorcière a tenu parole. Il passa à l'instant du côté de miss Bertram. — Regardez cet homme, Lucy, ma chère, n'avez-vous jamais vu quelqu'un qui lui ressemblait ?

Lucy n'avait jeté qu'un regard sur cet objet de terreur qu'elle reconnut aussitôt, à sa taille et à son extérieur, pour l'assassin supposé d'Hazlewood. C'en fut assez pour l'empêcher de concevoir de lui une idée plus favorable. — Ne me parlez pas de lui, monsieur; qu'il parte, au nom du Ciel! Nous allons tous être assassinés.

— Assassinés! où sont les pincettes ? dit l'avocat alarmé; mais cela n'a pas le sens commun ; nous sommes trois hommes, sans compter les domestiques, et puis l'honnête Dinmont qui en vaut une demi-douzaine. Nous avons le *major vis* de notre côté. Venez ici cependant, mon ami Dan-die.... Davie.... comment vous nommez-vous ? Mettez-vous entre cet homme et nous pour protéger ces dames.

— M. Pleydell ! c'est le capitaine Brown ; vous ne connaissez pas le capi-taine ?

— Certes, si c'est un de vos amis nous sommes sauvés ; mais tenez-vous près de lui.

Cette scène se passa avec une telle ra-pidité, qu'elle était finie lorsque Dominie sortant de sa distraction, ferma le livre qu'il étudiait dans un coin et s'avançant pour voir les étrangers, il s'écria dès qu'il eut aperçu Bertram : — Si le tombeau peut rendre sa proie, c'est mon cher et honoré maître !

— Nous avons raison, parbleu ! J'étais sûr que j'avais raison, dit l'avocat, c'est l'i-mage vivante de son père. Allons, colonel à quoi pensez-vous ? Pourquoi ne dites-vous pas à votre hôte qu'il est le bien-venu ? Je pense.... je crois.... nous avons raison.... je n'ai jamais vu une telle res-semblanc e. Mais patience.... Dominie ne dites mot. Jeune homme, asseyez-vous.

— Pardon, monsieur ; si je suis dans la maison du colonel Mannering, comme tout me le fait présumer, je veux savoir d'abord si mon arrivée imprévue l'offense ou si je suis le bienvenu ?

Mannering fit un effort pour parler.
— Bienvenu ? Certainement, surtout si vous m'apprenez en quoi je puis vous être utile. J'ai quelques torts à réparer envers vous ; je l'ai souvent soupçonné. Mais votre arrivée aussi soudaine qu'inat-tendue, jointe à des souvenirs pénibles, m'a empêché de vous dire d'abord que quelle que soit la cause qui me procure l'honneur de votre visite, elle m'est très-agréable.

Bertram remercia respectueusement Mannering des offres qu'il lui faisait avec une politesse cérémonieuse.

— Julie, ma chère, dit le colonel, vous feriez bien de vous retirer. M. Bertram, vous excuserez ma fille; je vois que son esprit est agité de divers souvenirs.

Miss Mannering se leva et sortit à l'instant; mais comme elle passait devant Bertram, elle prononça ces mots : « Oser une seconde fois! » mais d'une voix si faible que son amant seul put les entendre. Miss Bertram accompagna son amie, frappée d'étonnement, mais elle ne se hasarda pas à jeter un second regard sur l'objet de sa terreur. Elle vit qu'il y avait quelque méprise et elle ne voulut pas augmenter l'embarras en dénonçant l'étranger comme un assassin. Le colonel, se disait-elle, le connait et le reçoit comme un gentilhomme : certainement c'est une autre personne qui a blessé Hazlewood, ou celui-ci suppose avec raison que le hasard seul a fait partir le coup.

Le reste de la compagnie formait un grouppe digne du pinceau d'un peintre habile. Chacun éprouvait trop d'inquiétude pour observer celle des autres. Bertram se voyait jeté tout d'un coup dans la maison d'un homme qu'il était disposé alternativement à haïr comme son ennemi, et à respecter comme le père de Julie. Les devoirs de l'hospitalité, sa politesse naturelle, sa joie de retrouver celui qu'il croyait avoir tué dans un combat singulier luttaient dans le cœur de Mannering contre ses anciens sentiments d'orgueil et de mépris que faisait revivre selui qui les avait fait naître. Sampson appuyait ses membres tremblants sur le dossier d'un fauteuil ; il fixait ses yeux sur Bertram avec une anxiété qui bouleversait tout son visage. Dinmont, enveloppé dans sa grande redingotte grise et ressemblant à un ours levé sur ses jambes de derrière, contemplait cette scène avec de grands yeux ronds qui exprimaient son étonnement.

Le conseiller seul était dans son élément ; toujours vif, prompt et actif, il calculait déjà la brillante perspective qu'ouvrait devant lui un procès rempli d'événements étranges et mystérieux. Jamais monarque, jeune et plein d'espé-

rances , à la tête d'une vaillante armée ;
n'a éprouvé une joie pareille à sa
première campagne. Il allait et venait ,
il s'empressait de prendre sur lui l'explication de tout le mystère. — Allons, allons, messieurs, asseyez-vous ;
ceci est de mon département ; c'est à
moi à arranger cette affaire. Asseyez-
vous, mon cher colonel ; asseyez-vous
M. Brown, *aut quocumque alio nomine
vocaris* ; Dominie , prenez votre chaise ,
et vous aussi, honnête Liddesdale.

— Je ne sais, M. Pleydell , dit Dinmont en regardant d'abord son habit de
drap grossier, puis les meubles élégants
de l'appartement , peut-être ferais-je
mieux de passer dans un autre endroit et
de vous laisser vous occuper de leurs affaires. Ce n'est pas ici ma place.

Cependant le colonel qui venait de reconnaître Dandie, lui serra affectueusement la main , et lui dit que , d'après les
preuves qu'il avait eues à Edimbourg de
la bonté de son caractère, il était sûr que
son habit grossier et ses lourdes bottes
honoreraient un salon royal.

— Non, non, colonel, nous ne sommes que de pauvres paysans ; mais il n'y a pas de doute que j'aimerais à savoir ce qui va arriver au capitaine, et je suis sûr que M. Pleydell conduira bien son affaire.

— Vous avez raison, Dandie, vous parlez comme un oracle ; maintenant taisez-vous. Bon, vous êtes tous assis enfin, prenez un verre de vin, pour que je commence méthodiquement mon catéchisme. Maintenant, dit-il en se tournant vers Bertram, mon cher enfant, savez-vous qui ou ce que vous êtes ?

Malgré son inquiétude, le catéchumène ne put s'empêcher de rire, et répondit : Ma foi, monsieur, j'ai cru le savoir jusqu'à présent, mais les événements qui viennent de se passer m'inspirent beaucoup de doutes.

— Dites-nous donc ce que vous avez cru être jusqu'à présent.

— Je me croyais et je m'appelais Vanbeest Brown ; j'ai servi en qualité de cadet ou volontaire dans le régiment du colonel Mannering et je ne lui étais pas inconnu.

— Je puis certifier son indentité, dit le colonel ; et je dois ajouter ce que sa modestie lui fait passer sous silence, qu'il se faisait distinguer par ses talents et son courage.

— C'est fort bien, monsieur ; mais ceci est général et ne précise aucun fait. M. Brown nous dira où il est né.

— En Ecosse, je crois ; mais je ne saurais mieux indiquer le lieu de ma naissance.

— Où avez-vous été élevé ?

— En Hollande, j'en suis sûr.

— Avez-vous quelques souvenirs des années de votre enfance que vous avez passées en Ecosse ?

— Ils sont bien imparfaits. Je me souviens cependant que j'étais l'objet d'une grande sollicitude et d'une tendre affection : idée que les mauvais traitements que j'ai soufferts dans la suite n'ont rendue que plus vive. Je me rappelle indistinctement un homme au regard plein de bonté que j'appelais papa, et une dame, d'une faible santé qui doit avoir été ma mère ;

mère; mais tout cela se présente bien
confusément à ma mémoire. Je me souviens aussi d'un homme grand et maigre,
habillé de noir, qui me montrait à lire
et se promenait avec moi; je crois même
que la dernière fois....

Dominie ne put se contenir plus long-
temps. Tandis que chaque mot lui prouvait qu'il avait devant lui le fils de son
bienfaiteur, il ressentait la plus grande
difficulté à cacher son émotion; mais lorsque la mémoire de Bertram lui rappela
son précepteur et ses leçons, il fut forcé
de céder à l'impulsion de son cœur. Il se
leva vivement de sa chaise, et les bras
étendus, le corps tremblant, les yeux
baignés de larmes, il s'écria : — Harry
Bertram !.... regarde-moi.... ne suis-je pas
cet homme ?

— Oui, dit Bertram se levant de son
siège, comme si une lumière soudaine
avait éclairé son esprit, Oui.... c'était mon
nom !.... C'est la voix et la figure de mon
bon vieux maître !

Dominie le serra dans ses bras le pres-

IV.   8

sa mille, fois sur son sein avec transport,
cria, pleura, sanglotta. Le colonel Mannering eut recours à son mouchoir; Pleydell fit une grimace et essuya ses lunettes;
Dinmont, après deux explosions de san-
glots, s'écria: — Ce diable d'homme
m'a fait faire ce que je n'avais pas fait
depuis la mort de ma mère.

— Allons, allons, dit enfin le conseiller, silence à la cour. Nous avons à com-
battre un ennemi habile. Ne perdons pas
de temps à dresser notre procédure; car
il y a quelque chose à terminer avant
la pointe du jour.

— Je vais faire seller un cheval, si
vous le voulez, dit le colonel.

— Non, non, il y assez de temps.
Allons, Dominie, je vous ai laissé donner un libre cours à vos larmes. Il faut
en finir, il faut me laisser continuer mon
interrogatoire.

Dominie avait l'habitude d'obéir à tous
ceux qui voulaient lui donner des ordres.
Il retomba sur sa chaise, couvrit sa figure
de son mouchoir, pour lui tenir lieu,

sans doute, du voile que le peintre grec
jeta sur la figure d'Agamemnon, joignit
les mains et parut occupé à remercier
Dieu intérieurement. Il leva ensuite les
yeux pour voir si cette agréable apparition ne s'était pas évanouie ; puis il re-
commença ses prières mentales , jusqu'à
ce que les questions de l'avocat excitas-
sent son attention.

— Maintenant ; dit M. Pleydell après
une enquête minutieuse sur les souvenirs
de sa jeunesse , maintenant M. Bertram ,
car je crois que nous devons désormais
vous donner ce nom qui est le vôtre,
voulez-vous avoir la bonté de nous donner , sur la manière dont vous quittâtes
l'Ecosse , tous les détails que votre mémoire aura conservés.

— En vérité , monsieur , quoique le
crime affreux dont ce jour fut témoin se
soit profondément gravé dans ma mémoire , la terreur qu'il m'inspira y a con-
fondu tous les détails. Je me souviens cependant que je me promenais.... dans un
bois, je crois....

— Oh oui, c'était dans le bois de Warroch, dit Dominie.

— Chut! M. Sampson, dit l'avocat.

— Oui, c'était dans un bois, et quelqu'un était avec moi.... il me semble que c'est monsieur qui vient de me montrer un cœur si sensible.

— Oh oui, oui, Harry, Dieu te bénisse.... C'était bien moi.

— Taisez-vous, Dominie, et n'interrompez plus, dit Pleydell. — Et puis, monsieur?

— Puis, comme si la scène changeait tout-à-coup, je me vois à cheval devant mon guide.

— Non, non, s'écria Sampson, jamais je n'aurais mis mon corps, encore moins le tien, dans un tel danger.

— Sur ma parole, c'est insupportable!... Tenez, Dominie, si vous dites encore un mot sans ma permission, je lirai trois sentences sur mon livre magique, je ferai tourner trois fois ma canne autour de moi et j'ordonnerai à Harry Bertram de redevenir Van-beest Brown.

— Digne et honorable conseiller, je vous demande humblement pardon, ce n'était que *verbum volans.*

— Eh bien, *nolens volens*, vous retiendrez votre langue.

— Gardez le silence, je vous prie, M. Sampson, dit le colonel, il est de la dernière importance pour l'ami que vous venez de retrouver, que M. Pleydell continue ses demandes.

— Je suis muet, dit Dominie, ainsi reprimandé.

— Tout-à-coup, continua Brown, deux ou trois hommes se jetèrent sur nous et nous renversèrent de cheval. Je ne me rappelle plus rien excepté que voulant m'échapper, pendant la lutte désespérée qui s'était engagée, je tombai dans les mains d'une grande femme qui sortit du milieu des broussailles et me protégea quelque temps. Le reste n'est plus que confusion. Je me souviens comme d'un songe, de la côte de la mer, d'une caverne, d'un breuvage que l'on me fit boire et qui me procura un long sommeil.

8.

Tout n'est plus qu'obscurité dans ma mémoire, jusqu'à ce que je devins un mousse
mal traité et mal nourri, à bord d'un bâ-
timent où un vieux marchand me prit en
amitié et me mit à l'école en Hollande.

— Que vous disaient vos gardiens de
vos parents ?

— Pas grand'chose, on me défendait
d'en demander davantage. On me donnait
à entendre que mon père était intéressé
dans le commerce de contrebande qu'on
faisait sur la côte orientale de l'Ecosse et
qu'il avait été tué dans un combat avec les
douaniers ; que ses correspondants en
Hollande avaient dans le même temps un
vaisseau sur la côte ; qu'une partie de
l'équipage avait pris part à cette affaire
et m'avait emmené par compassion, en
me voyant orphelin et privé de toutes
ressources. Lorsque je fus plus grand,
cette histoire me sembla mal s'accorder
avec mes souvenirs ; mais que pouvais-je
faire ? je n'avais ni moyens d'éclaircir
mes doutes, ni ami à qui les confier. Le
colonel Mannering connaît le reste de

mon histoire. J'arrivai dans l'Inde pour être commis d'une maison hollandaise ; ses affaires s'embrouillèrent, j'embrassai la profession militaire et je ne crois pas l'avoir deshonorée.

— Tu es un excellent jeune homme , je réponds de toi , dit Pleydell. Puisque vous avez été privé si long-temps d'un père ; je voudrais pouvoir en réclamer le titre. Mais cette affaire du jeune Haz-lewood.....

— Fut l'effet d'une méprise , dit Brown; je voyageais en Ecosse pour mon plaisir, et après avoir passé une semaine chez mon ami M. Dinmont avec qui un heureux hasard m'a fait faire connaissance...

— C'est pour moi qu'il fut heureux, dit Dinmont; sans lui deux brigands m'auraient fracassé la cervelle.

— Peu de temps après que nous nous fumes séparés à la ville de... des voleurs me prirent mes effets et ce fut pendant mon séjour à Kippletringan que je rencontrai ce jeune homme. Comme je m'avançais pour saluer miss Mannering que

j'avais connue dans les Indes, M. Hazlewood, à qui mes vêtements ne faisaient
pas concevoir de moi une opinion favorable, m'ordonna fièrement de me retirer.
De là s'ensuivit le combat où j'eus le
malheur de le blesser involontairement.
Maintenant, monsieur, que j'ai répondu
à toutes vos questions....

— Non, non, pas tout-à-fait, dit
Pleydell; j'en ai encore à vous faire que
je renvoie à demain, car il est temps, je
crois, de fermer la séance pour ce soir
ou plutôt pour ce matin.

— Puisque j'ai répondu à toutes les
questions que vous m'avez faites cette
nuit, voudriez-vous avoir la bonté de
m'apprendre qui vous êtes, vous qui prenez tant d'intérêt à mes affaires, et qui
vous croyez que je sois, moi dont l'arrivée a produit tant de mouvement?

— Quant à moi, je suis Paul Pleydell
avocat au barreau d'Ecosse. Pour vous,
il n'est pas aisé de savoir jusqu'à présent
qui vous êtes; mais j'espère que nous
pourrons bientôt vous donner le titre

d'Henry Bertram, écuyer, descendant d'une des plus anciennes familles d'Ecosse et héritier par substitution, des biens d'El-langowan. —— Oui, continua-t-il en fermant les yeux et se parlant à lui-même, nous laisserons de côté son père et nous le regarderons comme l'héritier de son grand-père Louis qui a établi la substitution ; c'est le seul homme sage de cette famille dont j'aie entendu parler. Tous se levaient pour se retirer dans leurs appartements, lorsque le colonel Mannering s'avança vers Bertram encore étonné des paroles du conseiller. —— Je vous félicite, dit-il, de la perspective que le destin ouvre devant vous. Je suis un ancien ami de votre père et j'arrivai dans sa maison d'une manière aussi inattendue que vous dans la mienne, la nuit même de votre naissance. Si je vous avais reconnu lorsque.... mais j'espère que tout sera oublié entre nous. Soyez persuadé que votre arrivée sous le nom de Brown, a calmé dans mon cœur des regrets déchirants et sous celui de Bertram le fils de mon

vieil ami, m'a rendu votre présence dou-
blement agréable.

—— Et mes parents ? dit Bertram.

—— Ils ne sont plus. Les biens de votre
famille ont été vendus , mais je crois
qu'on peut les recouvrer. Je me trouverai
heureux de contribuer de tous mes moyens
pour soutenir vos droits.

—— Cela me regarde , colonel , dit le
conseiller , c'est ma vocation ; j'y gagne-
rai de l'argent.

—— Messieurs , observa Dinmont , s'il
faut de l'argent pour faire marcher l'affaire du capitaine, et on dit que les roues
ne vont pas sans cela....

—— Excepté le samedi soir , d't Pleydell.

—— Oui , mais lorsque votre honneur
ne veut pas d'honoraires , elle ne se
charge pas non plus de la cause ; ainsi je
ne m'adresserai plus à elle le samedi soir.
Je disais donc que si nous avions quelque
argent dans notre coffre , le capitaine
pouvait le regarder comme sien ; c'est le
compte que nous avons fait , Ailie et moi.

—— Non , non , Liddesdale , c'est inutile ; gardez-le pour faire aller votre ferme.

— Faire aller ma ferme ? M. Pley-dell, votre honneur connaît bien des choses , mais elle ne connaît pas la ferme de Charlies-hope ; elle va si bien, que nous en retirons six cents livres par an, seulement de la laine et des bestiaux.

— Vous en affermerez une autre.

— Je n'en sais rien, le duc n'a point de ferme vacante ; il ne chasserait pas les anciens fermiers, et je ne voudrais pas enchérir sur mes voisins.

— Quoi, pas même sur le voisin de Dawston.... Devilstone.... comment l'appelez-vous ?

— Qui, Jock de Dawston ? c'est un original qui ne veut pas entendre raison sur les limites , nous avons eu ensemble beaucoup de discussions, mais du diable si je voudrais faire du mal à Jock de Dawston.

— Tu es un brave garçon, dit l'avocat, va te coucher, va. Tu dormiras plus profondément, je te le garantis, que beaucoup de ceux qui quittent un habit brodé et mettent un bonnet de nuit de dentelles. Colonel, je vois que vous êtes occupé avec votre enfant trouvé. Barnes aura la bonté de m'éveiller à sept heures du matin, car mon domestique a le sommeil dur et profond. Driver aura subi le sort de Clarence : il sera noyé dans un tonneau de bière, car mistress Allan m'a promis d'avoir soin de lui et elle aura bientôt vu à quoi elle s'est engagée. Bonne nuit, colonel ; bonne nuit, Dominie Sampson ; bonne nuit, sincère Dinmont ; bonne nuit enfin, ô vous le descendant des Bertram, des Mac-Dingawaie, des Knarth, des Arth, des Godfroy, des Denys, des Roland, l'héritier par représentation et substitution des terres et de la baronie d'Ellangowan, selon le testament de Louis Bertram, écuyer.

En parlant ainsi le vieux conseiller prit sa lumière et sortit. Tout le monde se sépara, après que Dominie eut encore embrassé son *petit Harry Bertram* : c'est ainsi qu'il continuait d'appeler le jeune militaire de six pieds.

CHAPITRE

CHAPITRE VI.

O toi , dont j'ai reçu les serments et la foi ,
Aimable et cher Bertram , je ne rêve qu'à toi.
Hélas ! plutôt dormir dans la nuit éternelle
Que de perdre un amant si tendre et si fidèle.

Tout est bien qui finit bien.

A l'heure qu'il avait indiquée la veille ,
l'infatigable avocat se trouvait assis auprès
d'un bon feu. La tête couverte d'un bonnet de velours , le corps enveloppé d'une
robe de chambre de soie , éclairé par
deux bougies , il s'occupait à mettre en
ordre ses preuves et ses dépositions sur
le meurtre de Frank Kennedy. On avait
envoyé un exprès à M. Mac-Morlan pour
le prier de se rendre à Woodbourne
avec toute la diligence possible pour une
affaire importante. Dinmont , fatigué des
événements de la veille et trouvant les
lits de Woodbourne plus mollets que
ceux de Mac-Guffog , ne songeait pas à
se lever. L'impatience de Bertram l'aurait

IV.   9

fait sortir de meilleure heure ; mais le
colonel Mannering lui avait exprimé l'intention de le visiter le matin dans son
appartement et il n'avait pas voulu le
quitter. Il s'était habillé dans l'attente de
cette entrevue, Barnes lui ayant apporté,
par les ordres de son maître, tout le linge
et les effets dont il manquait. Ce n'était
pas sans quelque anxiété qu'il attendait
la visite que son hôte lui avait promise.

Bientôt un léger coup annonça le colonel avec qui Bertram eut une conversation aussi longue que satisfaisante. Ils
eurent cependant un secret qu'ils se ca-
chèrent l'un à l'autre. Mannering craignit
de parler de sa prédiction astrologique ;
Bertram garda le silence sur son amour
pour Julie, par des raisons faciles à concevoir. Leur entrevue fut d'ailleurs fran-
che et amicale, et le colonel y apporta
même beaucoup de cordialité. Bertram
mesura sa conduite sur celle de son hôte
et parut plutôt recevoir ses offres avec
plaisir et reconnaissance, que le presser
de ses sollicitations.

Miss Bertram était dans le salon à manger, lorsque Sampson y entra, la figure rayonnante de joie. C'était un événement si rare que Lucy s'imagina d'abord qu'on s'était amusé à lui débiter quelque fausse nouvelle. Il s'assit, et après avoir long-temps roulé ses grands yeux et remué ses mâchoires, comme la tête de bois de l'enchanteur Merlin, il commença ainsi :

— Que pensez-vous de lui, miss Lucy ?

— De qui, M. Sampson ?

— De Har.... non.... de celui que vous connaissez ?

— Quel est donc celui que je connais ?

— Oui...., l'étranger.... vous savez.... celui qui arriva hier dans la chaise de poste, celui qui a blessé le jeune Hazlewood, ha ! ha ! ho !

— En vérité, M. Sampson, vous vous égayez sur un sujet bien peu plaisant ! je ne pense rien de cet homme, j'espère seulement que ce ne fut qu'un accident et que nous n'avons pas à craindre qu'il recommence.

— Un accident ! ho ! ho ! ha !

— Vraiment, M. Sampson, dit Lucy un peu piquée, vous êtes ce matin d'une gaîté ext raordinaire.

— Oui, je suis... ha! ha! ho! fa-ce-ti-eux.... ho! ho! ha!

— Si extraordinaire, monsieur, que aimerais mieux en savoir le sujet, que jm'amuser de ses effets.

— Vous le saurez, miss Lucy.... Vous rappelez-vous votre frère?

— Bon Dieu! pouvez-vous me faire cette question? Qui sait mieux que vous qu'on le perdit le jour où je suis née?

— C'est vrai, c'est vrai... ma mémoire est bien courte.... oui, oui.... ce n'est que trop vrai.... mais vous souvenez-vous de votre digne père?

— Pouvez-vous en douter, M. Sampson? Quelques semaines seulement se sont écoulées depuis que....

— C'est vrai, ce n'est que trop vrai; ce souvenir trouble ma joie.... mais regardez ce jeune homme.

Bertram entrait en ce moment dans le salon.

— Oui, regardez-le bien : c'est l'image
vivante de votre père. Puisque Dieu vous
a privés de vos chers parents.... ô mes
enfants, aimez-vous bien l'un l'autre.

— C'est en effet la figure de mon père,
dit Lucy en pâlissant. Bertram accourut
pour la soutenir. Dominie s'empressa de
chercher de l'eau pour inonder son visage
(dans sa précipitation il avait pris la théière
bouillante), lorsque ses couleurs reparu-
rent et la sauvèrent d'un remède pire que
le mal. — Au nom de Dieu, M. Sampson, dit-elle d'une voix entrecoupée mais
solennelle, dites-moi s'il est mon frère ?

— Il l'est ! il l'est !... miss Lucy ! c'est
le petit Harry Bertram, aussi sûr que le
soleil luit dans les cieux.

— C'est donc là ma sœur, dit Bertram en l'embrassant avec toute l'affection fraternelle qui avait été si long-temps
concentrée dans son cœur, parce qu'il
avait toujours été privé des objets qu
seuls pouvaient l'animer.

— C'est elle, c'est elle ! c'est miss
Lucy Bertram que par mes faibles soins,

9.

vous trouverez parfaitement instruite dans
les langues française, italienne et même
espagnole, dans l'art de parler et d'é-
crire sa langue maternelle, dans l'arith-
métique, dans la tenue des livres par
parties doubles et simples. Je ne dis rien
de ses talents pour la couture et le mé-
nage : elle les tient de la femme de charge,
car il faut rendre à chacun ce qui lui est
dû. Je ne me fais pas non plus un mérite de
la manière dont elle sait la musique : c'est
le fruit des leçons d'une jeune demoiselle
pleine de vertus et de modestie et très-spiri-
tuelle : miss Julie Mannering y a beaucoup contribué.... *Suum cuique tribuito.*

— Vous êtes donc tout ce qui me reste !
dit Bertram à sa sœur. La nuit passée....
mais surtout ce matin, le colonel Mannering m'a raconté les malheurs de notre
famille, sans me dire que je vous trouverais ici.

— Il a voulu laisser ce soin à monsieur, dit Lucy, le plus tendre et le plus
fidèle des amis, qui a soigné mon père
dans sa longue maladie, a été témoin de

ses derniers moments et n'a pas voulu abandonner sa fille orpheline, au milieu des plus cruels revers.

— Dieu le bénisse ! dit Bertram en lui serrant la main ; il mérite bien l'amour que je lui portais, malgré le faible souvenir que ma mémoire conservait de lui.

— Dieu vous bénisse tous deux, mes chers enfants, dit Sampson ; si ce n'avait été pour vous, j'aurais souhaité (si telle eût été la volonté du Seigneur) de dormir auprès de mon patron.

— J'espère, dit Bertram, que nous verrons des jours plus heureux. Nous serons rétablis dans tous nos droits, puisque le Ciel m'a envoyé les moyens et des amis pour les soutenir.

— D'excellents amis ! répéta Sampson. Ils ont été envoyés, comme vous dites, par celui que je vous ai appris à regarder comme la source de tout bien. C'est le grand colonel Mannering des Indes orientales, homme d'une *grande érudition*, vu le peu de temps qu'il a pu em-

ployer à l'étude; c'est le grand avocat M.
Pleydell, qui possède également une aussi
grande érudition, quoiqu'il descende quelquefois à des bagatelles indignes de lui;
c'est M. Andrew Dinmont, à qui je ne
connais pas une *grande érudition*, mais
qui, tel que les anciens patriarches, s'entend beaucoup aux soins et à la conservation des troupeaux; c'est moi enfin qui
ayant eu plus d'occasions d'acquérir de
l'érudition que les respectables personnes
dont je viens de parler, ai tâché de les
mettre à profit, autant que me l'ont permis mes faibles facultés. Nous repren-
drons nos études, mon petit Harry. Je
commencerai par la base... Oui, je vous
enseignerai depuis les éléments de la
grammaire anglaise jusqu'aux langues hé-
braïques ou chaldaïques.

Le lecteur observera qu'on n'avait jamais vu Sampson aussi prodigue de paroles. En voici la raison : En retrouvant
son élève, son esprit se reporta au temps
où il l'avait perdu; dans la confusion de
ses idées, il éprouvait le plus vif désir

de le faire apprendre à épeler : désir
d'autant plus ridicule, qu'il ne s'arrogeait
pas la même autorité sur Lucy. Mais elle
avait grandi sous ses yeux, et en avançant en âge elle s'était soustraite graduel-
lement à sa tutelle, tandis que le bon
Dominie croyait encore trouver Harry au
point où il l'avait laissé. Son autorité re-
naissante causait cette profusion de paroles ; et, comme rarement on parle plus
qu'à l'ordinaire sans se montrer tel qu'on
est, il fit comprendre à ceux à qui il
s'adressait, que quoiqu'il parût humblement déférer à l'avis de tous ceux qui
s'entretenaient avec lui, il se croyait cependant supérieur à eux sur l'article de
l'é-ru-di-ti-on, car c'est ainsi qu'il pro-
nonçait ce mot. Tout ce beau discours ne
frappa que des oreilles inattentives ; le
frère et la sœur étant trop vivement occu-
pés à se raconter réciproquement leurs
malheurs passés, pour l'entendre.

Lorsque le colonel quitta Bertram, il
vint au cabinet de toilette de Julie, et
renvoya sa femme-de-chambre. — Mon

cher papa, lui dit-elle comme il entrait, vous avez oublié nos veilles de la nuit passée, puisque vous me donnez à peine le temps d'arranger mes cheveux. Vous n'ignorez pas cependant que les événements d'hier ont dû les faire dresser sur ma tête.

— C'est de l'intérieur de votre tête que je veux vous parler, Julie ; je laisserai bientôt l'extérieur aux soins de mistress Mincing.

— Papa, vous savez combien toutes mes idées sont confondues, et vous voulez les démêler dans quelques minutes ! Si Mincing agissait ainsi dans son département, elle m'arracherait la moitié de mes cheveux.

— Indiquez-moi donc ce qui embrouille vos idées, et je tâcherai de les débrouiller le plus délicatement possible.

— Oh ! tout... tout ne me paraît qu'un songe effrayant.

— Je vais donc tâcher de vous l'expliquer. Il lui raconta brièvement la destinée et les espérances de Bertram que

Julie écouta avec un intérêt qu'elle s'efforçait envain de cacher, puis il lui dit : — Eh bien, ce récit a-t-il jeté quelques lumières dans votre esprit ?

— Tout y est plus confus que jamais, mon cher papa. D'un côté je vois un jeune homme qu'on a cru mort, revenir de l'Inde, comme *le* grand voyageur Aboulfouaris auprès de sa sœur Canzade et de son frère Hour. Je me trompe, je crois.... Canzade était son épouse ; mais Lucy peut représenter la femme et Dominie le frère. De l'autre je vois cet aimable avocat écossais, dont le cerveau est quelque peu fêlé, paraître comme un pantomime à la fin de la tragédie. Quelle joie, si Lucy recouvre sa fortune !

— Quant à moi, dit le colonel, je crois que la personne la plus mystérieuse dans cette affaire est miss Julie Mannering, qui, connaissant l'inquiétude de son père sur le sort du jeune Brown ou Bertram (comme nous devons maintenant l'appeler), l'a rencontré lors de l'accident arrivé à Hazlewood et non seulement n'en a pas dit un mot à son père, mais a souffert qu'on poursuivît ce jeune homme comme un brigand ou un assassin.....

Julie qui avait rappelé tout son courage pour se préparer à l'entrevue avec son père, fut incapable de répondre par une raillerie ; elle baissa la tête en silence, après avoir envain tâché de nier qu'elle eût reconnu Brown, lorsqu'elle le rencontra.

—— Point de réponse. Permettez-moi donc, Julie, de vous demander si c'est la première fois que vous avez vu Brown depuis son retour de l'Inde ? Point de réponse encore. Je dois naturellement supposer que ce n'est pas la première fois. Vous ne répondez rien ? Etait-ce le même jeune homme qui vint sous votre fenêtre et s'entretint avec vous pendant votre séjour à Mervyn-hall ? Je vous ordonne.... je vous prie d'être sincère.

Miss Mannering leva la tête. —— J'ai été, monsieur.... je suis peut-être encore bien folle..... et rien ne m'est plus pénible que

que de rencontrer en votre présence ce jeune homme qui a été, non pas entièrement la cause, mais le complice de ma folie. Ici elle cessa de parler.

— Je dois donc penser qu'il a été l'auteur de la sérénade.

Cette allusion ranima un peu le courage de Julie. — C'était lui, monsieur; mais si j'ai été coupable, comme je me le suis souvent reproché, je crois n'être pas sans excuse.

— Et laquelle ? demanda le colonel. Sa voix semblait se refuser à prononcer ces deux mots.

— Je n'oserais la nommer.... mais.... Elle ouvrit une petite armoire, d'où elle tira un paquet de lettres qu'elle mit dans les mains de son père. — Elles vous apprendront comment notre intimité commença et par qui elle fut encouragée.

Mannering prit le paquet et s'approcha de la fenêtre. Son orgueil l'empêcha de se retirer plus loin. L'œil troublé et l'esprit agité, il parcourut rapidement les lettres. Cependant son stoïcisme vint

IV.   10

à son aide : cette philosophie qui, entée
sur l'orgueil, produit souvent les fruits
de la vertu. Il revint vers sa fille avec un
maintien aussi assuré que le lui permirent
ses combats intérieurs.

— Vous avez une grande excuse, Julie, autant que j'en puis juger par un
coup-d'œil jeté à la hâte ; vous avez au
moins obéi à l'un de vos parents. Adop-
tons le proverbe écossais que Dominie ci-
tait l'autre jour : *Ce qui est passé est passé.*
Je ne vous reprocherai jamais votre manque
de confiance ; de votre côté, ne jugez de
mes intentions que par mes actions, dont
jusqu'ici vous n'avez pas eu le droit de
vous plaindre. Gardez ces lettres : elles
n'ont pas été écrites pour mes yeux. Je
n'en lirai pas davantage que ce que j'ai
fait à votre prière et pour votre justifi-
cation. Maintenant, sommes-nous amis ?
ou plutôt connaissez-vous mon cœur ?

— O mon généreux père, dit Julie en
se jetant dans ses bras, pourquoi l'ai-je
méconnu un seul instant ?

— N'en parlons plus, Julie. Celui qu;

est trop fier pour demander l'affection et la confiance qu'il croit lui être dues , est en danger de les perdre et le mérite peut-être. C'est bien assez qu'une épouse chérie ait descendu au tombeau sans me connaître , qu'au moins je ne perde pas la confiance d'une fille qui doit m'aimer , si elle s'aime elle-même !

— Ah ! ne craignez rien.... non.... que j'aie seulement votre approbation et celle de ma conscience , et je me soumets à toutes les conditions qu'il vous plaira de m'imposer , quelque sévères qu'elles soient.

— J'espère , mon amour , dit-il en lui donnant un baiser sur le front , que nous n'aurons pas à exiger de vous des efforts héroïques. J'attends d'abord que vous cesserez avec ce jeune homme toute correspondance clandestine , qu'une jeune personne ne peut entretenir sans se rabaisser à ses propres yeux et à ceux de son amant. C'est à moi que M. Bertram doit en demander les raisons. Vous désirez sans doute savoir à quoi vous conduira

votre déférence. D'abord je veux observer le caractère de ce jeune homme de
plus près que les événements et peut-être
mes préjugés ne me l'ont permis. Je sou-
haiterais aussi de voir sa naissance légale-
ment établie. Ce n'est pas que j'éprouve
une grande inquiétude sur la restitution
des biens d'Ellangowan ; cependant une
indifférence totale ne se trouve guères que
dans un roman. Mais Henry Bertram,
héritier d'Ellangowan, soit qu'il possède
le domaine de ses pères, soit qu'il en soit
privé, est une personne bien différente de
Van-beest Brown le fils de parents incon-
nus. Ses ancêtres, m'a dit M. Pleydell,
suivaient les bannières de leurs princes,
tandis que les nôtres combattaient à Crécy
et à Poitiers. Bref, je ne lui donne ni ne
lui refuse mon approbation, mais j'espère que vous me ferez oublier vos erreurs
passées. Comme malheureusement vous
ne pouvez vous adresser qu'à votre père,
j'attends de vous cette confiance que le
désir que j'ai de vous rendre heureuse
change en une dette sacrée.

La première partie de ce discours affecta vivement Julie. La comparaison des ancêtres de Bertram avec ceux de Mannering excita un sourire secret ; mais la conclusion était bien faite pour toucher un cœur aussi généreux que le sien. — Recevez ma promesse , dit-elle en lui présentant la main ; dès ce moment c'est vous que je consulterai le premier sur tout ce qui se passera entre Brown , je veux dire Bertram , et moi ; je ne contracterai aucun engagement avant que vous ne l'ayez approuvé. Puis-je vous demander..... si M. Bertram doit continuer à demeurer à Woodbourne ?

— Certainement , tant que ses affaires le lui rendront nécessaire.

— Il me demandera alors pourquoi je cesse de lui donner les encouragements qu'il peut croire avoir reçus de moi.

— J'espère, Julie, qu'il respectera ma demeure et qu'il reconnaîtra que les services que je peux lui rendre doivent lui interdire une conduite qui m'offenserait.

10.

J'attends de vous que vous lui ferez sentir ce qu'il nous doit à tous les deux.

— Je vous ai compris, papa, et vous serez obéi.

— Je vous remercie, ma fille, dit-il en l'embrassant; je n'ai d'inquiétudes que pour vous. Essuyez vos larmes et descendons pour déjeûner.

CHAPITRE VII.

Ma parole est sacrée, et demain devant vous, Sheriff, il paraîtra.....

Première partie d'Henri IV.

APRÈS ces dernières scènes, tout le monde se réunit enfin pour déjeûner. Un air de contrainte régnait parmi la plupart des convives. Julie n'osait élever la voix en demandant à Bertram s'il désirait une seconde tasse de thé. Bertram ne la regardait qu'avec embarras sous les yeux de Mannering. Lucy, en se livrant à toute la joie d'avoir retrouvé son frère, commençait à penser à sa querelle avec Hazlewood. Le colonel éprouvait l'anxiété d'un esprit orgueilleux qui voit ses moindres actions soumises au contrôle des autres. L'avocat avait, en étendant le beurre sur sa rôtie, un air de gravité causé peut-être par son travail du matin. Pour Dominie, il était en extase : il regardait Bertram, il regardait Lucy, il pleurait, il riait, il faisait des grimaces, il commettait toutes sortes de bévues ; il jeta toute la crême dans le potage qu'il mangeait ordinairement à déjeûner ; il renversa le fond du bol de thé dans le sucrier , et finit par laisser tomber la liqueur brûlante sur le vieux Platon , l'épagneul favori du colonel, qui reçut la libation avec des cris qui ne faisaient pas honneur à sa philosophie.

Cette dernière distraction poussa à bout la patience du colonel. — Sur ma parole , mon bon ami M. Sampson, vous oubliez la différence qu'il y a entre Platon et Zénocrates.

— Le premier était le chef des académiciens et le second des stoïciens , dit

Dominie en paraissant mépriser la supposition de Mannering.

— Oui , mon cher monsieur ; mais c'était Zenocrates , et non Platon , qui niait que la peine fût un mal.

— J'aurais cru, dit Pleydell , que ce respectable quadrupède qui vient de sortir en boîtant du salon , était de l'école des cyniques.

— La plaisanterie est excellente... Mais voici une réponse de Mac-Morlan.

Elle n'était pas favorable. Mistress Mac-Morlan annonçait que son mari était retenu à Portanferry par quelques événements alarmants qui y avaient eu lieu la nuit précédente , et qu'il était obligé de faire une information.

— Que devons-nous faire maintenant , conseiller ? dit le colonel.

— J'aurais vu avec plaisir Mac-Morlan qui est un excellent homme , et qui aurait volontiers suivi mes conseils. Mais c'est un petit malheur. Nous devons avant tout rendre notre ami *sui juris* ; il n'est à présent qu'un prisonnier échappé , que la loi ré-

clame ; il doit être placé *rectus in curiâ*,
c'est le premier objet. Je vous propose
donc, colonel, de vous accompagner dans
votre voiture à Hazlewood - house. La
distance n'est pas grande ; nous lui offri-
rons caution , et j'espère de montrer à
M...., à Sir Robert Hazlewood la nécessité de la recevoir.

—— De tout mon cœur , dit le colonel.
Il sonna et donna les ordres nécessaires.
—— Que ferons-nous ensuite ?

—— Nous nous adjoindrons Mac-Morlan,
et nous tâcherons de nous procurer d'autres preuves.

—— D'autres preuves ? La chose est claire
comme le jour. M. Sampson , miss Bertram et vous-même reconnaissez dans ce
jeune homme l'image de son père ; il se
rappelle lui-même les particularités qui
précédèrent son départ de ce pays , que
manque-t-il pour la conviction ?

—— Pour la conviction morale , rien ,
peut-être ; mais pour la conviction légale,
beaucoup. Les souvenirs de M. Bertram,
ne sont que ses souvenirs et ne prouvent

rien en sa faveur ; miss Bertram, le savant M. Sampson et moi , nous pouvons
dire seulement que tous ceux qui ont connu le feu lord d'Ellangowan reconnaîtront
son vrai portrait dans ce jeune homme ;
mais tout cela n'établira pas qu'il est le
fils d'Ellangowan et que ses biens lui appartiennent.

— Que faut-il donc ?

— Il faut des preuves plus claires. Nous
avons bien ces égyptiens, mais, hélas ! ils
sont infames aux yeux de la loi ; à peine
peuvent-ils être appelés en témoignage.
Meg Merrilies surtout ne serait pas crue
à cause des différentes versions qu'elle a
données sur cet événement et de l'impu-
dence avec laquelle elle nia devant moi
en avoir la moindre connaissance.

— Que devons-nous faire ?

— Prendre des informations en Hollande chez ceux qui ont élevé notre jeune
homme. Mais la crainte d'être interrogés
sur le meurtre de Kennedy leur fera garder le silence, ou s'ils parlent , le témoignage de gens étrangers et de contrebandiers sera de peu de valeur.

— Avec votre permission, très-savant et très-honoré conseiller, dit Dominie, j'espère que celui qui a rendu le petit Harry Bertram à ses amis, ne laissera pas son ouvrage imparfait.

— Je l'espère aussi, **M. Sampson**; mais nous devons nous servir des moyens qui sont en notre pouvoir ; et je prévois plus de difficultés que je ne l'avais cru d'abord ; mais qui n'ose rien, n'a rien. A propos, dit-il à miss Mannering pendant que Bertram parlait avec sa sœur, nous pouvons venger la Hollande de vos mépris. Voyez quels beaux hommes doivent sortir des colléges de Leyde et d'Utrecht, lorsqu'une pauvre école de Middlebourg nous envoie un si beau garçon.

— Vous avez raison, **M. Pleydell**, dit Dominie jaloux de la réputation d'un séminaire de Hollande ; mais vous observerez que c'est moi qui ai posé les fondements de son éducation.

— C'est vrai, mon cher Dominie ; c'est ce qui l'a rendu capable d'acquérir toutes les graces qu'il possède. Mais voici votre voiture, colonel. Adieu, jeunes gens : miss Julie, gardez votre cœur jusqu'à ce que je revienne; qu'on n'entreprenne rien sur mes droits, pendant que je suis *non valens agere.*

Ils furent reçus à Hazlewood-house avec plus de froideur et de cérémonie que de coutume ; car en général le baronnet témoignait un grand respect pour le colonel Mannering, et M. Pleydell était un de ses vieux amis. Ses manières étaient embarrassées. — J'aurais volontiers reçu votre caution, dit-il ; quoique l'injure eût été machinée, dirigée et commise contre le jeune Hazlewood d'Hazlewood ; mais le jeune homme s'est attribué un grade qui ne lui appartenait pas et il se trouve par-là dans le cas de ne pouvoir être relâché, délivré et rendu à la société ; je conclus donc....

— J'espère, Sir Robert Hazlewood, dit le colonel, que vous ne douterez pas de ma parole, lorsque je vous assurerai qu'il a servi sous moi comme cadet dans l'Inde.

— Pas

— Pas le moins du monde. Mais vous l'appelez cadet ; et il dit, prétend et soutient qu'il était capitaine, ou commandait une compagnie dans votre régiment.

— Il a été promu à ce grade depuis que j'ai quitté le commandement.

— Vous en auriez entendu parler.

— Non. Des affaires de famille me firent quitter l'Inde, et j'ai été peu curieux de savoir des nouvelles du régiment. Le nom de Brown est d'ailleurs si commun, que j'aurais pu voir sa nomination dans les gazettes sans la remarquer. Dans u ou deux jours au plus tard il recevra des lettres de son commandant.

— On m'a informé, M. Pleydell, qu'il ne compte pas garder ce nom de Brown, mais que sous celui de Bertram, il doit élever des prétentions sur les biens d'Ellangowan.

— Et qui vous a dit cela ? dit le conseiller.

— Cela, dit le colonel, donne-t-il le droit de le retenir en prison ?

IV.   11

— Chut, colonel, dit l'avocat, vous
ne voudriez pas, ni moi non plus, cau-
tionner pour lui, s'il est prouvé qu'il est
un imposteur. Entre amis, Sir Robert,
qui vous a donné cet avis ?

— C'est une personne, M. Pleydell,
qui est particulièrement intéressée à re-
chercher, creuser, tirer au clair cette
affaire. Vous m'excuserez, si je ne vous
en dis pas davantage.

— Oh ! certainement.... et il dit ?...

— Il dit qu'on complote sourdement
parmi les contrebandiers, les égyptiens et
les autres gens de cette espèce, de faire
passer ce jeune homme, qui est un fils
naturel de feu Ellangowan, pour son fils
légitime, à cause de sa grande ressemblance avec son père.

— Avait-il un fils naturel qui lui res-
semblât autant que ce jeune homme ?

— Oui, je l'ai connu moi-même. Ellangowan l'avait placé à bord d'un yacht
de la douane, sous la protection du com-
missaire Bertram, son cousin.

— Ce que vous m'apprenez est nouveau pour moi , dit l'avocat en se hâtant de couper la parole à l'impatient militaire. Je ferai des recherches : si elles me prouvent la vérité de ce que vous me dites, ni le colonel Mannering ni moi , nous ne protégerons ce jeune homme. Cependant comme notre intention est de le représenter et de répondre à toutes les plaintes portées contre lui , je vous annonce que vous commettrez un acte très-illégal et que vous encourrez la plus grave responsabilité, si vous refusez notre caution.

— Comme vous êtes très-instruit , M. Pleydell , vous promettez de représenter ce jeune homme ?...

— S'il est reconnu pour imposteur.

— Oui , certainement. A cette condition , je reçois la caution que vous m'offrez , quoiqu'un de mes voisins très-poli, très-obligeant et versé dans l'étude des lois , m'ait donné avis ce matin de n'en rien faire. C'est de lui que j'ai appris que ce jeune homme avait été délivré ou plutôt s'était échappé de sa prison. Mais où trouverons-nous quelqu'un pour dresser le procès-verbal ?

— Faites monter mon clerc M. Driver, dit l'avocat après avoir sonné ; vous me permettrez de dicter moi-même la minute. Tout fut bientôt écrit et signé, et le juge ayant souscrit un mandat pour mettre en liberté Bertram *alias* Brown, Mannering et Pleydell prirent congé de lui.

Ils se placèrent chacun dans un coin de la voiture et gardèrent quelque temps le silence. Le colonel le rompit le premier:

— Vous abandonnerez donc ce pauvre jeune homme à la première attaque ?

— Moi ? Je ne souffrirais pas qu'on arrachât un seul cheveu de sa tête, quand je devrais plaider pour lui jusques devant la cour suprême. Ce que j'ai paru accorder à ce vieux fat ne nous oblige à rien. Il vaut bien mieux qu'il rapporte à son conseiller, à ce Glossin, que nous prenons peu d'intérêt à cette affaire. D'ailleurs je voulais connaître les dispositions de nos ennemis.

— Je vois maintenant qu'on use de stratagêmes dans la chicane comme dans la guerre. Comment trouvez-vous leur ordre de bataille ?

— Ingénieux , mais désespéré. Ils y mettent trop de finesse , faute commune dans ces occasions.

Pendant ce discours la voiture roulait rapidement vers Woodbourne , sans qu'il lui arrivât rien de digne de l'attention du lecteur , excepté la rencontre du jeune Hazlewood à qui le colonel raconta l'histoire extraordinaire du retour de Bertram. Il l'écouta avec le plaisir le plus vif et prit les devants pour féliciter miss Lucy sur un événement aussi heureux qu'inattendu.

Revenons aux personnes que nous avons laissées à Woodbourne. Après le départ de Mannering , la conversation tomba sur la maison d'Ellangowan , ses domaines et sa puissance passée. — C'est donc au pied des tours de mes pères que j'ai débarqué l'autre jour , presque semblable à un vagabond. Ces tours massives et ces voûtes sombres réveillaient en moi des pensées et des souvenirs que je ne savais comment expliquer. Je les visiterai avec d'autres sentiments et d'autres espérances.

— N'y allez pas maintenant, dit sa sœur. La maison de nos ancêtres est la demeure d'un scélérat aussi fourbe que dangereux, dont les artifices ont causé la ruine et la mort de notre malheureux père.

— Vous fortifiez mon désir de me trouver en face de ce brigand. Je crois déjà l'avoir vu.

— Observez, dit Julie, que vous êtes sous la garde de Lucy et la mienne, et que nous sommes responsables de tous vos mouvements. Je n'ai pas été sans fruit la maîtresse d'un avocat pendant douze heures. Je vous déclare que vous ferez une folie de vouloir aller maintenant à Ellangowan. Tout ce que nous pouvons faire pour vous est d'aller en corps jusqu'au bout de l'avenue; delà nous pourrons vous permettre de monter avec nous la petite colline qui s'élève au milieu de la plaine, d'où vous pourrez repaître vos regards de la vue de ces tours majestueuses qui ont fait un tel effet sur votre imagination ardente.

La proposition fut acceptée ; les jeunes personnes prirent leurs mantes , et se mirent en marche sous l'escorte du capitaine Bertram. Il faisait une superbe matinée d'hiver ; le froid égayait nos promeneuses , loin de les engourdir. Un doux lien les rapprochait , quoiqu'elles ne se fussent pas confié leurs secrets sentiments. Bertram trouvait un double plaisir à écouter l'histoire de sa famille et à raconter ses aventures en Europe et dans l'Inde. Lucy était fière de son frère , de sa valeur , de ses dangers et du courage qui les lui avait fait surmonter. Julie , tout en réfléchissant aux paroles de son père , osait espérer que cet esprit d'indépendance qu'il traitait de présomption dans le plébéien Brown , se changerait en grandeur d'ame dans l'héritier des Ellangowan.

Ils atteignirent enfin le sommet de la colline appelée Gibbies-Knowe ; dont nous avons parlé plusieurs fois dans cette histoire. Elle était située sur les limites des biens d'Ellangowan. Elle dominait

une chaîne de collines couvertes de bois
dont le rouge foncé contrastait avec la
couleur verdoyante de la plaine. Ailleurs le
pin d'Ecosse déployait son feuillage noirâtre dans des plantations régulières. A
deux ou trois milles de distance était la
baie d'Ellangowan dont les flots poussés
par un vent d'ouest venaient se briser sur
la rive. Les tours du vieux château qui
commandaient tout le paysage, étaient
éclairées par les rayons du soleil. —
Voilà, dit Lucy en les indiquant de la
main, voilà le siège de la puissance de
nos ancêtres. Dieu le sait, mon frère ; je
ne lui demande pas pour vous le vaste
pouvoir que les seigneurs de ces ruines
ont possédé si long-temps et dont ils ont
fait quelquefois un si mauvais usage. Mais
que ne puis-je vous voir en possession des
restes de leur fortune qui vous donne-
raient une honorable indépendance et vous
mettraient à même de secourir et de protéger les anciens et malheureux serviteurs
de notre maison que la mort de mon pauvre père....

— Oui, ma chère Lucy, j'espère qu'avec l'assistance du Ciel qui m'a conduit jusqu'ici, et avec le secours de ces dignes amis que leur excellent cœur a intéressés en ma faveur, cette heureuse fin de mes aventures n'est pas invraisemblable. Mais je dois veiller en militaire sur ces murs détruits par le temps, et si ce coquin qui les possède aujourd'hui en déplace une seule pierre....

Il fut interrompu par Dinmont qui courait après eux et qu'ils n'aperçurent que lorsqu'il les eut atteints. — Capitaine, capitaine, on vous attend : c'est celle que vous savez.

Aussitôt Meg Merrilies se présenta devant eux comme si elle sortait de terre. — Je vous ai cherché à la maison, dit-elle, et je n'ai trouvé que lui (en montrant Dinmont); mais c'est moi qui ai tort. C'est en ce lieu même que nous devions nous rencontrer. Souvenez-vous de votre promesse et suivez-moi.

CHAPITRE VIII.

La dame envain haranguait le monarque.
A son aspect, Arthur pâlit d'effroi ;
Que ma laideur, dit-elle à ce grand roi,
Ne cause point épouvante ni gêné ;
Je viens ici pour soulager ta peine

Le mariage de Sir Gawaine.

La belle fiancée de Sir Gawaine, tandis qu'elle était soumise aux enchantements de sa marâtre, était probablement plus décrépite que Meg Merrilies ; mais je doute qu'elle eût son air imposant et sauvage, ses gestes expressifs et sa taille gigantesque pour son sexe. Les Chevaliers de la Table Ronde ne durent pas éprouver plus de terreur lorsque cette femme dégoûtante leur apparut entre « un chêne et un houx, » que Lucy Bertram et Julie Mannering à l'aspect de la sybille galwégienne.

— Au nom de Dieu, dit Julie en tirant sa bourse , donnez quelque chose à cette femme terrible et qu'elle s'en aille.

— Je ne puis , dit Bertram , je ne dois pas l'offenser.

— Qui vous retient ici , dit Meg en élevant les accents de sa voix aigre et retentissante ; pourquoi ne me suivez-vous pas ? Croyez-vous que l'occasion se présentera deux fois ? Souvenez-vous de votre serment : *à l'église ou dans un marché, à une nôce ou à un enterrement.* En parlant ainsi , elle élevait sa main décharnée dans une attitude menaçante.

Bertram se tourna vers ses compagnes effrayées. — Excusez-moi si je vous quitte un moment ; esclave de ma promesse , je dois suivre cette femme.

— Ciel ! engagé à suivre une insensée ! dit Julie.

— Une égyptienne , dont la bande est dans les bois prête à l'assassiner , dit Lucy.

— Vous ne parlez pas comme une fille d'Ellangowan, dit Meg en jetant sur Lucy un regard altier , il n'y a que

ceux qui font du mal qui doivent craindre
du mal.

— En un mot, dit Bertram, il est
absolument nécessaire que je la suive ;
attendez-moi ici cinq minutes.

— Cinq minutes ? dit la bohémienne,
dans cinq heures vous ne serez pas de
retour.

— L'entendez-vous ? dit Julie, au nom
du Ciel, n'y allez pas !

— Il le faut, il le faut ; M. Dinmont
vous ramènera à la maison.

— Non, dit Meg, il doit venir avec
nous, c'est pour cela qu'il est ici. Son
cœur et son bras doivent prendre part à
l'attaque. Il aurait pu vous en coûter cher
pour lui avoir sauvé la vie.

— C'est vrai ; avant de quitter le capitaine, je lui prouverai que je m'en souviens.

— Oh ! oui, s'écrièrent à la fois les
deux demoiselles, qu'il aille avec vous,
s'il faut que vous obéissiez à ces ordres
étranges.

— Il le faut, mais vous voyez que je suis
sous

sous bonne escorte. Adieu pour peu de
temps, retournez à la maison aussi promptement que vous pourrez.

Il pressa la main de sa sœur et prit
congé de Julie par un tendre regard. Im-
mobiles de surprise et d'effroi, les jeunes
amies suivirent des yeux la course rapide
de Bertram, de Dinmont et de leur guide
extraordinaire. Cette grande figure s'avançait à pas si allongés et si précipités qu'elle
semblait glisser sur la terre. Bertram et
Dinmont, hommes d'une belle taille, pa-
raissaient à peine l'égaler en hauteur, à
cause de son long manteau et de sa coif-
fure élevée. Elle traversait la plaine sans
suivre le sentier par lequel les passants
évitaient les inégalités et les ruisseaux qui
la coupaient. Tantôt on les perdait de
vue lorsqu'ils s'enfonçaient dans les endroits creux, tantôt ils reparaissaient lorsqu'ils remontaient sur la hauteur. Il y
avait quelque chose d'aërien dans la vélo-
cité de leur course qu'aucun obstacle n'arrêtait. Elle était aussi directe et presque
aussi légère que le vol d'un oiseau. Ils

IV.   12

atteignirent enfin aux bouquets de bois qui s'étendaient depuis les limites des biens communaux, jusqu'au ruisseau de Derncleugh et disparurent.

— C'est vraiment extraordinaire, dit Lucy en se tournant vers sa compagne après un moment de silence. Que peut-il avoir à démêler avec cette vieille sorcière ?

— C'est aussi bien effrayant, répondit Julie, et cela me rappelle les contes de magiciens, d'enchanteurs, de mauvais génies que j'ai entendus raconter dans l'Inde. On croit qu'ils se rendent maîtres de la volonté et des actions de leurs victimes, en leur fascinant les yeux. Que peut avoir de commun votre frère avec cette femme terrible, pour nous laisser, évidemment contre sa volonté, et obéir à ses ordres ?

— Au moins, dit Lucy, nous pouvons être sûres qu'il n'est menacé d'aucun danger ; car elle n'aurait jamais appelé le fidèle Dinmont, dont Henry vante le courage et le sang-froid, pour l'aider dans une expédition où la vie de son ami serait

menacée. Rentrons à la maison avant que
le colonel soit de retour ; Bertram re-
viendra peut-être le premier. Le colonel
jugera ce qu'il est à propos de faire quoi
qu'il arrive.

S'appuyant sur le bras l'une de l'autre,
mais encore toutes tremblantes de la
frayeur qu'elles venaient d'éprouver ,
elles atteignaient l'avenue , lorsqu'elles entendirent derrière elles le trot d'un cheval.
Elles s'arrêtèrent , car le plus léger bruit
excitait leur attention , et reconnurent
avec joie le jeune Hazlewood. — Le colonel me suit immédiatement , dit-il , j'ai
pris les devants pour présenter mes res-
pects à miss Bertram et la féliciter de
l'heureux événement qui vient d'avoir lieu
dans sa famille. Il me tarde d'être présenté au capitaine Bertram et de le remercier de la leçon que méritaient bien ma
brusquerie et mon impolitesse.

— Il vient de nous quitter , dit Lucy ,
d'une manière qui nous a glacées d'effroi.

En ce moment la voiture du colonel
arrivait ; elle s'arrêta sur l'ordre des de-

moiselles et Mannering en descendit avec
le conseiller. Elles leur apprirent aussitôt
leur nouveau sujet d'alarmes.

— Encore Meg Merrilies ! dit le colonel ; c'est bien le personnage le plus mystérieux.... mais elle doit avoir encore quelque chose à dévoiler à Bertram dont elle
ne veut pas que nous soyons instruits.

— Que le diable emporte la vieille
folle , dit l'avocat; elle ne veut donc pas
que les choses prennent leur cours *prout
de lege* ; faut-il qu'elle vienne toujours
s'y interposer ? Je crains , d'après la direction qu'ils ont prise, qu'ils n'aillent sur
les terres d'Ellangowan. Ce scélérat de
Glossin nous a montré quels bandits il
avait à sa disposition. Je souhaite que
l'honnête Liddesdale soit assez fort pour
le défendre.

— Si vous le voulez , dit Hazlewood ,
je galopperai dans la direction qu'ils ont
prise. Je suis bien connu dans tout le
pays , et je ne crois pas que personne
osât les insulter en ma présence. Je les
suivrai de loin , de peur de paraître

surveiller Meg ou d'interrompre la com-
munication qu'elle peut avoir à lui faire.

— Sur ma parole, ce jeune Hazlewood qui n'était qu'un petit bambin, il y
a peu d'années, est devenu un bel homme. Je redoute plus une arrestation légale qu'une violence ouverte. La présence
de ce jeune homme tiendra en considéra-
tion Glossin et ses complices. Partez donc,
mon enfant, suivez-les; vous les trouverez près de Derncleugh ou dans le bois
de Warroch.

Hazlewood fit tourner son cheval. —
Revenez dîner avec nous, lui cria le colonel. — Il salua, piqua des deux et
partit au galop.

Revenons à Bertram et à Dinmont qui
suivaient leur guide mystérieux à travers
les bois qui séparaient les biens communaux du hameau ruiné de Derncleugh.
Elle ne se retournait jamais vers eux que
pour les gronder de leur mollesse, quoique la sueur découlât de leurs fronts,
malgré la rigueur de la saison. Quelquefois elle s'adressait à elle-même des phrases

12.

entrecoupées : « C'est pour relever la
vieille maison , — c'est pour placer la
pierre angulaire , — ne l'en ai-je pas
averti ? — Je lui ai dit que j'étais née
pour le faire , quand la tête de mon père
aurait dû servir de pierre fondamentale.
J'ai été emprisonnée et j'ai gardé ma résolution dans les fers. — J'ai été bannie,
et je l'ai gardée dans une terre étrangère
— J'ai été battue de verges , — marquée , — elle était gravée trop avant
pour que les verges ou le fer pussent y
pénétrer ; — maintenant l'heure est venue.....

— Capitaine , dit Dinmont à voix basse, je souhaite qu'elle ne fasse aucun ma-
léfice. Elle semble parler au nom du diable , plutôt qu'à celui de Dieu. On dit
dans notre pays qu'il y a beaucoup de
gens de cette espèce.

— N'ayez pas peur , mon ami.

— Peur ! quand elle serait sorcière ou
diablesse , Dandie Dinmont ne la crain-
drait pas davantage.

— Taisez-vous , dit Meg en regardant

l'un œil sévère par-dessus son épaule ; croyez - vous que le moment et le lieu soient favorables pour parler ?

— Mais, ma bonne amie, dit Bertram, je ne doute ni de votre bonne foi ni de votre amitié ; j'ai éprouvé l'une et l'autre ; mais vous devriez avoir quelque confiance en moi. Je voudrais savoir où vous me conduisez.

— Voici la seule réponse qu'il m'est permis de vous faire, Henry Bertram : J'ai juré que ma langue ne parlerait jamais ; mais je n'ai pas dit que mon doigt n'indiquerait jamais. Marchez et vous trouverez votre fortune, retournez et vous la perdrez : c'est tout ce que j'ai à vous dire.

— Marchons donc ; répondit Bertram, je ne vous ferai plus de questions.

Ils descendirent dans le vallon en passant par le lieu même où Meg s'était séparée de Bertram. Elle fit une courte halte sur le rocher d'où il avait vu enterrer le cadavre, et indiquant la terre qui, malgré toutes les précautions, paraissait

fraîchement remuée , elle dit : Celui qui
repose ici aura peut-être bientôt des
voisins.

Elle suivit le petit ruisseau jusqu'au hameau ruiné. Là , elle s'arrêta devant une
des cabanes qui restaient encore debout ;
ses traits se radoucirent et elle dit avec un
accent moins rude , mais aussi solennel : ——
Voyez-vous cette chaumière noircie ? c'est
là que j'ai préparé mes aliments pendant
quarante ans. C'est là que j'ai mis au jour
douze fils ou filles ; que sont-ils deve-
nus ?... Où sont les feuilles qui ornaient
ce vieux chêne à la Saint-Martin ? Le
vent d'ouest l'a dépouillé ; il m'a aussi
privé de mes enfants..... Voyez-vous ce
saule ? ce n'est maintenant qu'un tronc
noirci par le temps. L'après-dîner je me
reposais sous son ombrage au bord de ce
ruisseau. Assise au pied de cet arbre ,
ajouta-t-elle en élevant la voix, je vous
tenais sur mes genoux, Henry Bertram,
et je vous chantais les ballades des vieux
barons et leurs guerres sanglantes. Il ne
reverdira plus et la voix de Meg Merrilies

ie fera plus entendre aucun chant. Mais vous ne l'oublierez pas et vous ferez re-bâtir sa chaumière en sa mémoire. Ceux que vous y ferez habiter ne devront pas craindre les êtres d'un autre monde. Car, si les morts reviennent parmi les vivants, on me verra souvent la nuit dans ces prai-ries, long-temps après que mes os au-ont été réduits en poussière.

Le mélange de folie et d'emphase avec lequel elle prononça ces derniers mots, le bras droit nu et étendu, le gauche enve-oppé de sa longue draperie rouge, la ren-daient une étude digne de notre Siddons. — Mettons-nous à l'ouvrage, dit-elle en re-renant le ton de voix sec et dur qui lui était ordinaire, mettons-nous à l'ouvrage.

Elle les conduisit sur le rocher où s'é-evait le Kaim de Derncleugh, et tirant une clé de sa poche, elle en ouvrit la porte. L'intérieur était assez propre. — J'ai mis tout en ordre, dit-elle; cette nuit j'y serai peut-être étendue. Il y aura peu e monde, bien peu de monde aux funé-railles de Meg, car beaucoup de nos

gens blâmeront ce que j'ai fait et de que
je vais faire.

Elle leur indiqua du doigt une table sur
laquelle étaient quelques mets froids préparés avec plus de propreté qu'on ne
l'aurait attendu des habitudes de , Meg.
— Mangez , leur dit-elle , vous en aurez
besoin cette nuit.

Bertram prit quelques morceaux par
complaisance. Dinmont à qui ni la crainte
ni l'étonnement ne faisaient perdre l'ap-
pétit , mangea à son ordinaire. Elle leur
offrit ensuite à chacun un verre d'eau-de-
vie que Bertram but trempée et Dinmont
pure.

— Ne prenez-vous rien vous-même ,
femme ? dit Dinmont.

— Je n'en ai plus besoin , répondit
l'hôtesse mystérieuse. Maintenant il vous
faut des armes, vous ne devez pas y aller
les mains vides ; mais n'en usez pas in-
considérément. Faites-le prisonnier , mais
conservez-lui la vie. La loi saura bien
le punir.... il faut qu'il parle ou qu'il
meure.

— Qui faut-il prendre ? qui doit parler ? dit Bertram étonné, en prenant une paire de pistolets qu'elle lui présentait et qu'il trouva chargés et amorcés.

— Les pierres sont bonnes, dit-elle, et la poudre est sèche ; je m'y connais.

Puis, sans répondre à leur question, elle arma Dinmont d'un pistolet d'arçon et leur ordonna de choisir deux bons bâtons dans un faisceau qu'elle prit dans un coin. En sortant, Bertram saisit l'occasion de dire tout bas à son ami : — Il y a quelque chose d'inexplicable dans tout ceci ; il ne faudra se servir de ces armes qu'en cas de nécessité. Ayez soin de faire tout ce que vous me verrez faire.

Dinmont fit signe qu'il l'avait compris. Ils continuèrent à marcher à travers les champs et les marais, les buissons et les bois, sur les pas de leur guide. Elle les conduisit dans le bois de Warroch par le même sentier qu'avait suivi le feu lord d'Ellangowan, lorsqu'il vint à Derncleugh chercher son fils, le soir du meurtre de Kennedy.

Lorsque Meg Merrilies eut atteint ces bois dont le vent de la mer agitait les branches dépouillées avec un sifflement lugubre, elle s'arrêta un moment comme pour se rappeler le chemin. « Il faut suivre le même sentier, » dit-elle en continuant à marcher par une route tortueuse et non tracée. Elle les conduisit enfin dans une clairière d'un quart d'acre d'étendue, entourée de toutes parts d'arbres et de buissons qui formaient une haie irrégulière. Au milieu même de l'hiver ce lieu était presque inabordable ; mais lorsque les arbres se couvraient de verdure, que les arbrisseaux l'entouraient d'un feuillage touffu, que les branches fibreuses des bouleaux s'opposaient au passage des rayons du soleil, un jeune poëte y aurait cherché une retraite, pour composer ses premiers vers et un couple amoureux, pour y échanger le doux aveu de sa tendresse mutuelle. Mais que ce lieu semblait éveiller des souvenirs bien différents ! Bertram jeta autour de lui un regard triste et sombre. Meg se dit en elle-même :

même : « C'est le lieu fatal, » Puis, regardant Bertram avec des yeux pleins de feu : —— Le reconnaissez-vous ? dit-elle.

—— Oui, répondit-il, mais imparfaitement.

—— C'est ici, poursuivit son guide, que l'homme tomba de cheval. J'étais en ce moment cachée derrière ce buisson. Il se débattait vivement et demandait grâce ; mais ses bourreaux ne connaissaient pas ce mot ! Voici maintenant le sentier par où.... Vous étiez dans mes bras, lorsque vous y passâtes la dernière fois.

Elle les fit marcher par un sentier long et tortueux, obstrué par les broussailles. Ils arrivèrent enfin au bord de la mer par une descente peu sensible. Meg marcha d'un pas rapide entre le ressac et les rochers. Elle s'arrêta devant un fragment de roc d'une grosseur remarquable. —— C'est ici, dit-elle d'un ton à peine intelligible, c'est ici que le cadavre fut trouvé.

—— La caverne en est voisine, dit Bertram du même ton : nous y conduisez-vous ?

—— Oui. Armez-vous de courage ; en-

trez-y comme moi en rampant. J'ai placé
des broussailles pour vous y cacher ; res-
tez-y jusqu'à ce que je dise : *L'heure et
l'homme sont arrivés* ; à ce signal, élancez-
vous sur lui, attachez-lui fortement les
bras, quand le sang sortirait par le bout
des doigts.

— Je le ferai, si c'est l'homme que je
pense.... Jansen ?

— Oui, Jansen, Hatteraick et plus de
vingt autres noms.

— Dinmont, tenez-vous maintenant à
mon côté, dit Bertram.

— N'en doutez pas ; mais je voudrais
faire quelque prière avant d'entrer
dans ce trou d'enfer. C'est assez triste
de quitter ce beau soleil, cet air
pur, pour aller se faire tuer comme une
taupe dans cette tanière ; mais, comme
je vous l'ai dit, le diable m'emporte si je
vous quitte. Ceci fut dit du ton le plus
bas possible. Meg se traîna sur les mains
et sur les genoux ; Bertram la suivit, et
Dinmont, après avoir jeté un dernier regard vers le ciel qu'il abandonnait avec
egret, fit l'arrière-garde.

CHAPITRE IX.

Meurs, prophète! accomplis ton oracle infail-
lible.

Henry VI. Part. III.

PENDANT que le fermier se glissait en
rampant dans la caverne , une main saisit
une de ses jambes. Son courage fut bien
près de l'abandonner et ce ne fut pas sans
peine qu'il retint un cri qui , dans la situation où ils étaient , aurait pu leur coûter la vie à tous. Il se contenta cependant
de dégager son pied de la main de ce camarade inattendu. « Silence , dit quelqu'un
derrière lui en le lâchant ; je suis un ami,
Charles Hazlewood. »

Quoique ces mots eussent été prononcés
d'une voix très-basse , ils frappèrent l'o-
reille de Meg Merrilies qui les précédait
et qui ayant déjà gagné le lieu où la voûte
s'élevait , était debout. Pour distraire l'attention et donner le change , elle se mit à
murmurer, à chanter, à remuer des brous-

pailles qui étaient entassés dans un coin de
sa caverne.

— Approche, vieille diablesse, cria la
voix rude de Dirk Hatteraick du fond de
son antre : que fais-tu là ?

— Je prends du bois pour vous réchauffer, malheureux coquin ! c'est encore
trop de bonté pour vous.

— M'apportez-vous de l'eau-de-vie et
des nouvelles de mes gens ?

— Prenez cette bouteille. Vos gens ?...
Ils sont tous dispersés , battus , mis en
fuite ou taillés en pièces pa r les habits
rouges.

— Mille diables !.... cette côte m'est
fatale.

— Vous pourriez avoir plus d'une raison de le dire.

Pendant ce dialogue , Bertram et Dinmont avaient enfin pénétré dans l'intérieur
de la caverne et se trouvaient debout. Cette
sombre retraite n'était éclairée que par le
feu qu'Hatteraick entretenait dans une de
ces grilles dont on se sert la nuit pour la
pêche au saumon, en y jetant de temps

en temps une poignée de branches sèches.
Mais elles ne fournissaient pas une lumière
suffisante, vu la grandeur de la caverne; même lorsqu'elles étaient embrasées.
Comme Hatteraick se tenait dans le lieu
le plus retiré, il ne pouvait guères distinguer les objets qui se trouvaient à l'entrée. Les deux amis, qui ne s'attendaient
pas à se voir renforcés par un troisième,
se cachaient derrière le tas de branches
sèches et couraient peu de risques d'être
découverts. Dinmont eut le bon sens de
tenir Hazlewood derrière lui, jusqu'à ce
qu'il eût dit tout bas à Bertram : « C'est
un ami.... le jeune Hazlewood. »

Ce n'était pas le moment de se faire
des politesses. Ils demeurèrent aussi im-
mobiles que les rochers qui les environ-
naient, cachés par les broussailles qu'on
avait entassées pour intercepter le vent
froid de la mer, sans empêcher le renou-
vellement de l'air. Les branches jetées né-
gligemment les unes sur les autres per-
mettaient de voir ce qui se passait autour
du feu, tandis que ceux qui s'y chauffaient

13.

ne pouvaient les découvrir, quand même l'éclat de la flamme eût augmenté.

Indépendamment du danger qu'ils couraient, les effets de la lumière et de l'ombre donnaient à cette scène l'aspect le plus terrible. La clarté rougeâtre du charbon allumé dans la grille se changeait en une flamme plus ou moins vive, selon qu'Hatteraick y jetait du bois plus ou moins sec. Tantôt une noire fumée s'élevait en tourbillons jusqu'au haut de la caverne et la flamme luttait avec peine contre cette épaisse colonne, tantôt une branche bien sèche rendait une lumière brillante en s'embrâsant. On distinguait alors les traits durs et sauvages d'Hatteraick dont la férocité s'augmentait par les sombres réflexions où il était plongé et qui s'accordaient parfaitement avec les noirs rochers qui s'élevaient en voûte au dessus de lui. Meg Merrilies qui, se promenant dans la caverne tantôt dans la lumière, tantôt dans l'ombre, paraissait et disparaissait tour-à-tour comme un spectre, faisait un contraste frappant avec Hatte-

raick qui , assis et le visage incliné sur le
feu, était toujours visible au spectateur.

Bertram sentit son sang bouillonner à la
vue d'Hatteraick. Il se souvint que ce contrebandier, sous le nom de Jansen qu'il
avait adopté après le meurtre de Kennedy, et son lieutenant Brown avaient été
les tyrans de son enfance. En comparant
ses souvenirs avec les récits de Mannering
et de Pleydell, il conclut que cet homme
était le premier agent de la violence qui
l'avait enlevé à sa famille et à son pays, en
l'exposant à tant de périls et de malheurs.
Le désir de la vengeance remplissait son
cœur. A peine put-il s'empêcher de se
précipiter sur Hatteraick et de lui faire
sauter la cervelle. Ce projet n'était pas
sans dangers. La flamme en s'élevant
éclairait les membres robustes et nerveux
de ce scélérat et montrait à sa ceinture
deux paires de pistolets et un large cou-
teau de chasse. Son désespoir aurait dou-
blé ses forces. Cependant elles n'auraient
pas été suffisantes pour lutter contre les
efforts combinés de deux hommes tels que

Bertram et Dinmont, sans compter ceux d'Hazlewood qui était sans armes et moins vigoureux. Mais Bertram réfléchit qu'il n'y avait ni bon sens ni valeur à prévenir le bourreau et vit de quelle importance il était pour lui de prendre Hatteraick vivant. Il réprima donc son indignation et attendit ce qui allait se passer entre le brigand et la bohémienne.

— Comment vous trouvez-vous maintenant ? dit-elle avec sa voix aigre et discordante. Ne vous ai-je pas dit qu'il reviendrait devant vous ?.... Oui, dans cette même caverne où vous vous êtes retiré après l'assassinat.

— Tonnerre et tempête, sorcière ! gardez vos prédictions jusqu'à ce qu'on vous les demande. Avez-vous vu Glossin ?

— Non, vous avez manqué votre coup, buveur de sang ! vous n'avez rien à attendre du tentateur.

— Le traître ! si je le tenais par la gorge.... que me reste-t-il donc à faire ?

— Mourir comme un homme, ou être pendu comme un chien.

— Pendu ! sorcière de Satan ! Le chan-
vre qui m'étranglera n'est pas encore semé.

— Il est semé, il est levé, il est coupé,
il est filé. Ne vous ai-je pas dit, lorsqu'en
dépit de mes prières, vous avez enmené
le petit Harry Bertram, ne vous ai-je pas
dit qu'après avoir accompli dans les pays
étrangers sa vingt-unième année, il reviendrait dans sa patrie ? Ne vous ai-je pas
dit qu'il ne resterait qu'une étincelle du feu
sacré, mais que de cette étincelle renaîtrait
une flamme plus vive et aussi durable ?

— Oui, la mère, vous m'avez dit tout
cela ; et, tonnerre et malédiction ! je crois
que vous avez dit vrai. Faut-il donc que
ce jeune Ellangowan soit toute la vie pour
moi une pierre d'achoppement ! Et maintenant, pour servir ce maudit Glossin,
voilà mon équipage prisonnier, mes em-
barcations détruites et peut-être mon lougre
capturé ; car loin de pouvoir le défendre,
les hommes que j'y ai laissés ne suffisaient
pas pour la manœuvre ; une chaloupe
aura pu le prendre. Que diront les pro-
priétaires ? grêle et tempête ! je n'oserai
jamais retourner à Flessingue.

—— Vous n'aurez pas cette peine.

—— Que voulez vous dir? que faites-vous ?

Pendant ce dialogue, Meg avait ramassé quelques broussailles sèches. Avant de répondre à la question elle les arrosa d'eau-de-vie et y mit le feu. Aussitôt une pyramide de flamme s'élança jusqu'au haut de la voûte et jeta la clarté la plus vive. Alors Meg s'écria d'une voix ferme et assurée : *Parceque l'heure et l'homme sont arrivés.*

A ce signal, Bertram et Dinmont franchissent les broussailles et se précipitent sur Hatteraick. Hazlewood ignorant leur plan d'attaque, n'arrive qu'un instant après. Le brigand qui se voit trahi tourne d'abord sa vengeance contre Meg Merrilies et lui tire un coup de pistolet. Elle tombe en poussant un cri aigu qui tenait le milieu entre l'accent d'une vive douleur et celui d'un rire étouffé. « Je l'avais prévu, » dit-elle.

Dans sa précipitation, Bertram heurte contre un rocher, cette chûte lui sauva la vie, car la balle du second pistolet siffla

par dessus sa tête et lui aurait fait sauter
la cervelle, s'il eût été debout. Avant
qu'Hatteraick puisse tirer un autre coup,
Dinmont se jette sur lui et s'efforce de le
desarmer. Mais telle est la vigueur de ce
scélérat à qui son désespoir prête une
nouvelle force, que malgré les efforts du
robuste fermier, il le jette sur le réchaut,
et est prêt à tirer un troisième pistolet
qui aurait pu être fatal au brave Dinmont,
lorsque Bertram et Hazlewood accourent
à son secours. Après une vigoureuse résistance, ils parviennent à le jeter par
terre, le désarment et le garottent. Cette
lutte, quelque temps qu'il ait fallu pour
la raconter, fut terminée en moins d'une
minute. Hat teraick ainsi dompté fit quelques efforts désespérés, puis il demeura
paisible et en silence. « Il est là comme un
blaireau mort, dit Dinmont, je l'aime
mieux comme cela. »

Dinmont fit cette observation en secouant
la cendre et les charbons qui s'étaient atta-
chés à son habit grossier et à ses noirs
cheveux dont quelques mêches avaient été

brûlées pendant le combat. « Il est tranquille maintenant, dit Bertram, gardez-le, qu'il ne fasse aucun mouvement ; je vais voir si cette pauvre femme est vivante ou morte. » Il releva Meg Merrilies avec le secours d'Hazlewood.

— Tout ce que j'avais prévu est arrivé, dit-elle.

La balle avait pénétré dans la poitrine au-dessous du gosier. Il en coulait peu de sang ; mais Bertram accoutumé à juger des coups de feu, ne trouva ce symptôme que plus alarmant. « Bon Dieu ! que ferons-nous de cette malheureuse femme ? » dit-il à Hazlewood, les circonstances ne leur permettant aucune explication.

— J'ai laissé mon cheval dans le bois, dit Hazlewood et je vous ai suivis pendant deux heures ; je vais maintenant chercher des secours ; gardez l'entrée de la caverne jusqu'à ce que je revienne. Il se hâta de partir. Bertram après avoir bandé la blessure de Meg Merrilies avec autant de soin qu'il le put, se tint à l'ouverture de la grotte, un pistolet armé à la main. Dinmont continua

à veiller sur Hatteraick. Un silence de mort
régnait dans la caverne. Il n'était inter-
:rompu que par les gémissements entre-
coupés de la malheureuse blessée et par
la respiration pénible du prisonnier.

CHAPITRE X.

Dans un climat lointain, dans des affreux dangers
  Tu passas ta jeunesse,
Mais un Dieu bienfaisant aux pays étrangers,
  Protégea ta faiblesse.

     la Salle de Justice.

Après trois quarts-d'heure d'une attente
que les dangers dont ils étaient environ-
nés leur faisaient paraître trois fois plus
longue, ils entendirent au dehors la voix
du jeune Hazlewood. — Je suis ici, disait-il, avec une force suffisante.

— Entrez donc, dit Bertram, joyeux
de se voir relever. Hazlewood arriva suivi
de quelques paysans dont l'un faisait l'office de constable. Ils saisirent Hatteraick
et le portèrent dans leurs bras tant que

IV.   14

la hauteur de la voûte le permit ; ils le couchèrent ensuite sur le dos et le traînèrent comme ils purent ; car il ne voulut jamais faire aucun mouvement dans ce transport. Semblable à un cadavre par son silence et son inertie ; il ne faisait aucun effort ni pour les aider ni pour les entraver. Lorsqu'il fut hors de la caverne et qu'on l'eut placé sur ses jambes au milieu de trois ou quatre hommes, il parut un moment étourdi par le passage subit de l'obscurité à la lumière. Tandis qu'on tâchait de retirer Meg Merrilies, ceux qui restaient avec Hatteraick voulurent le faire asseoir sur un bloc de rocher qui servait de marque à la haute marée. Il résista ; un tremblement terrible agita ses chaînes de fer. « Non pas ici, tonnerre ! voudriez-vous me faire asseoir ici ? »

Ce furent les seuls mots qui sortirent de sa bouche ; mais ses convulsions et l'horreur profonde qu'il montra en les prononçant prouvaient assez ce qui se passait dans son ame.

Lorsque Meg Merrilies eut été retirée

de la caverne avec tous les soins et toutes
les précautions qu'exigeait son état , on
la consulta sur le lieu où elle préférait
être transportée. Hazlewood qui avait envoyé appeler un chirurgien proposa de la
porter dans la cabane la plus voisine. La
malade s'écria vivement: Non, non, non !
au Kaim de Derncleugh.... au Kaim de
Derncleugh... Ce n'est que là que l'esprit
se délivrera de la chair.

— Faites ce qu'elle demande , dit
Bertram ; autrement son imagination troublée aggraverait sa blessure.

On la porta dans la tour. Dans le chemin, son esprit paraissait s'occuper plutôt de l'événement dont elle avait été l'auteur que de sa mort prochaine. « Trois
hommes se sont précipités sur lui... J'en
ai amené deux , mais quel est donc le
troisième ?.... serait-il revenu *lui-même*
pour se venger de ses propres mains ?... »

Son imagination avait été vivement frappée par l'aspect inattendu d'Hazlewood
qu'elle n'avait pas eu le temps de reconnaître, le coup de pistolet lui ayant fait

perdre connaissance. Cette idée revenait
souvent à son esprit. Hazlewood raconta
à Bertram que d'après les avis de Mannering, il les avait suivis pendant quelque
temps ; que les ayant vus entrer dans la
caverne, il avait rampé après eux; que sa
main ayant rencontré dans l'obscurité la
jambe de Dinmont avait failli produire
une catastrophe terrible, sans la présence
d'esprit et le courage du brave fermier.

L'égyptienne étant parvenue à la porte
de la chaumière, en donna la clé. Comme
on allait la placer sur le lit, elle s'écria
avec inquiétude : « Non, non pas ainsi,
la tête à l'orient. » Elle parut satisfaite,
lorsqu'on l'eût mise dans cette position.

— N'y a-t-il pas ici près un ecclésiastique, dit Bertram, pour préparer ce tte
malheureuse femme à la mort ?

Le ministre de la paroisse, qui avait
été le précepteur de Charles Hazlewood,
avait appris par le bruit public que le
meurtrier de Kennedy venait d'être arrêté
sur le lieu même où le cadavre du douanier avait été trouvé et qu'une femme avait

été mortellement blessée. Attiré dans ce lieu de douleur par la curiosité ou plutôt par le sentiment de ses devoirs , cet ecclésiastique se présenta au Kaim de Derncleugh. Le chirurgien arriva au même instant, et voulut visiter la blessure ; mais Merrilies refusa le secours de l'un et de l'autre. « Le pouvoir de l'homme ne peut ni me guérir ni me sauver. Laissez-moi révéler la vérité et puis vous ferez de moi tout ce que vous voudrez. Que personne ne m'interrompe. Mais où est Henry Bertram ? » Les spectateurs qui depuis si long-temps n'avaient pas entendu prononcer ce nom se regardèrent les uns les autres. « Oui , s'écria-t-elle d'une voix plus forte, je dis *Henry Bertram d'Ellangowan.* Laissez pénétrer la lumière pour que je le voie. »

Tous les yeux se tournèrent vers Bertram qui s'approcha de cette couche funeste. Meg lui prit la main. « Regardez-le, dit-elle, vous tous qui avez connu son père et son aïeul et avouez qu'il est leur image vivante. » Un murmure s'éleva

14.

dans l'assemblée : la ressemblance était
trop frappante pour qu'on pût la nier.
« Ecoutez-moi maintenant , et que cet
homme, dit-elle en montrant Hatteraick
qui était assis sur un coffre au milieu de
ses gardiens, que cet homme nie ce que
j'avance, s'il l'ose. Voilà Henry Bertram,
fils de Godfroy Bertram, baron d'Ellangowan; c'est cet enfant que Dirk Hatteraick enleva dans le bois de Warroch , le
jour qu'il assassina le douanier. J'errais
dans cette forêt comme un esprit; car
je voulais la parcourir une dernière fois
avant de quitter le pays. Je sauvai la vie
de l'enfant; bien plus, je les priai, je les
conjurai de me le laisser ; mais ils l'em-
menèrent. Il a long-temps voyagé sur les
mers, maintenant il vient réclamer ses
biens et qui peut l'en empêcher ? J'avais
juré de garder le secret jusqu'à ce qu'il
eût atteint ses vingt-un ans. Je savais que
ses destins ne pouvaient s'accomplir jusqu'à ce jour. J'ai tenu mon serment.....
mais je me jurai à moi-même, si je vivais
assez pour voir le jour de son retour , de

le rétablir dans la demeure de ses pères,
quand il devrait fouler un cadavre à chaque pas. J'ai tenu mon serment; le mien
sera le premier, voilà le second (en montrant Hatteraick) et il y en aura un autre
encore. »

Le ministre observa en l'interrompant
qu'il était fâcheux que cette déposition ne
fût pas reçue et écrite régulièrement et le
chirurgien insista sur la nécessité d'examiner la blessure avant de l'épuiser par des
questions. Lorsqu'elle vit qu'on emmenait
Hatteraick pour débarrasser la chambre
et laisser le chirurgien exécuter librement
ses opérations, elle l'appela à haute voix
et se souleva sans aide sur le lit.
« Dirk Hatteraick, nous ne nous verrons
plus jusqu'au jour du jugement.... témoi-
gnerez-vous la vérité de ce que j'ai dit ? »
Il tourna vers elle son front d'airain et
la regarda avec une sombre férocité.
« Dirk Hatteraick, vous dont les mains sont
teintes de mon sang, oserez-vous nier ce
que ma bouche mourante a prononcé ? »
Il la regarda avec la même audace et la
même inflexibilité; il remua les lèvres,

mais ne fit entendre aucun son. « Adieu donc, dit-elle, que Dieu vous pardonne ! Votre main a scellé mon témoignage en répandant mon sang. Pendant ma vie je n'étais qu'une vile bohémienne, tour-à-tour battue de verges, bannie, marquée; j'errais de porte en porte, j'étais chassée de paroisse en paroisse; qui pouvait alors croire à ma parole ? Maintenant que je touche à ma dernière heure, on retiendra mes paroles comme les rochers de la caverne conserveront l'empreinte ineffaçable de mon sang ! »

Elle cessa de parler et tout le monde sortit, excepté le chirurgien et quelques femmes. Après un léger examen, il secoua la tête, et céda sa place à l'ecclésiastique.

Une chaise qui retournait vide à Kippletringan avait été arrêtée par un constable qui prévit qu'elle serait nécessaire pour conduire Hatteraick en prison. Le conducteur apprenant qu'il était à Derncleugh, laissa ses chevaux à la garde d'un enfant, se confiant plutôt à leur âge et à

leur tranquilité qu'aux soins de celui-ci,
et courut pour voir, dit-il, quelle espèce
d'homme c'était. Il arriva au moment où
la foule des paysans et des voisins dont
le nombre croissait à chaque instant, déjà
rassassiée de la vue de la figure hideuse
d'Hatteraick, tournait son attention sur
Bertram. La plupart d'entr'eux et surtout
les vieillards qui avaient vu son père dans
sa jeunesse, reconnurent la vérité du témoignage de Meg Merrilies. Mais l'écossais est un peuple prudent : ils se souvin-
rent qu'un étranger était en possession de
ses biens et n'osèrent se communiquer
leurs sentiments qu'à voix basse. Notre
ami Jock Jabos, le postillon, força le
passage pour arriver au milieu du cercle;
mais dès qu'il eut jeté les yeux sur Bertram, il recula frappé d'étonnement et
fit cette exclamation solennelle : — Aussi
sûr que je respire, c'est le vieil Ellangowan qui est ressuscité !

Cette déclaration publique d'un témoin
sans préjugé fut l'étincelle qui enflamma
tous les cœurs. Trois bruyantes acclama-

tions se firent entendre: « Vive long-temps
l'héritier d'Ellangowan et les Bertram toujours. Que Dieu lui rende son bien et qu'il
tienne parmi nous le rang qu'occupaient
ses pères!

— Il y a soixante et dix ans que je
suis dans le pays, disait-l'un.

— Moi et les miens nous y avons resté
le double, dit un autre, j'ai le droit de
connaître la figure d'un Bertram.

— Il y a trois cents ans que les miens
et moi nous y demeurons, dit un autre
vieillard, et je vendrais ma dernière che-
mise pour voir le jeune lord rétabli dans
ses droits.

Les femmes toujours amies du merveilleux, surtout lorsqu'il s'agit d'un beau
jeune homme, unirent leurs cris perçants
aux acclamations générales. — Que Dieu
le bénisse!... c'est le vrai portrait de son
père!... les Bertram ont toujours été les
protecteurs du pays.

— Et cette pauvre mère, qui mourut
en travail en apprenant sa perte, que
n'a-t-elle assez vécu pour voir un si beau
jour, s'écrièrent quelques voix.

— Nous l'aiderons, criaient les autres ; et si Glossin ne lui restitue pas le château d'Ellangowan, nous l'écorcherons avec nos ongles.

D'autres entouraient Dinmont qui racontait tout ce que son ami avait fait pour lui et qui se glorifiait d'avoir contribué à le faire reconnaître. Comme il était connu de beaucoup de personnes présentes, son témoignage augmenta l'enthousiasme général. C'était un de ces moments d'expansion où la joie du peuple ne connaît pas plus de digue que les torrents grossis par la fonte des neiges.

Ces cris tumultueux troublèrent les prières de l'ecclésiastique. Meg qui était tombée dans cet état d'affaissement qui précède la dissolution de notre être, se leva tout d'un coup. « Entendez-vous ? dit-elle ; entendez-vous ? on le reconnaît... on le reconnaît ! si ma malédiction a fait périr le père, ma bénédiction a relevé le fils. J'aurais voulu parler davantage, mais je ne l'ai pu. Attendez.... » Elle avança la tête vers le rayon de lumière que laissait

échapper l'étroite ouverture qui servait
de fenêtre. Puis elle continua : « N'est-il
pas ici ? Ne me cachez pas le jour ; laissez-
moi le voir encore une fois. Mais les té-
nèbres de la mort obscurcissent mes yeux,
dit-elle en retombant après avoir jeté un
dernier regard vers le ciel, tout est fini,

La mort triomphe, adieu la vie. »

Elle retomba sur sa couche de paille et
expira sans pousser un seul gémissement.
L'ecclésiastique et le chirurgien notèrent
avec soin tout ce qu'elle avait dit, regrettant beaucoup qu'on n'eût pu l'interroger
juridiquement, mais demeurant tous deux
moralement convaincus de la vérité de
ses aveux.

Hazlewood complimenta le premier Bertram sur la brillante perspective qui s'ouvrait devant lui et le félicita sur ce qu'il allait
recouvrer son nom et son rang. Le peuple,
ayant appris de Jabos que Bertram était celui
qui avait blessé Hazlewood, fut vivement
frappé de sa générosité, et joignit son nom
à celui de Bertram dans ses acclamations.

Cependant

Cependant quelques uns demandèrent au postillon comment il n'avait pas reconnu Bertram, tandis qu'il s'était promené avec lui au lac Creeran. Sa réponse fut naturelle. — Eh! qui pensait alors à Ellangowan? Ce n'est que le bruit qui se répandit qu'on avait retrouvé le jeune lord qui me fit penser à la ressemblance. Il n'y avait qu'à le voir une fois de près pour le reconnaître.

Les cris de joie du peuple semblaient avoir ébranlé la férocité d'Hatteraick. On le vit jeter un coup-d'œil inquiet autour de lui, tâcher d'élever ses mains chargées de chaînes pour enfoncer son chapeau sur ses yeux. Son regard où se peignait l'impatience et la crainte se tournait souvent vers la route et y cherchait la voiture qui devait le tirer de ce lieu. Enfin M. Hazlewood craignant que la fermentation qui régnait parmi le peuple ne le portât à maltraiter Hatteraick, fit monter le contrebandier dans la chaise de poste et le fit conduire à Kippletringan pour y être mis à la disposition de M. Mac-Morlan.

IV. 15

Il dépêcha en même temps un exprès pour instruire ce jurisconsulte de ce qui était arrivé. Puis s'adressant à Bertram : « Je me trouverais heureux , lui dit-il , si vous consentiez à m'accompagner à Hazlewood-house ; mais comme vous n'y trouveriez peut-être pas le même plaisir que dans deux ou trois jours , vous me permettrez de retourner avec vous à Woodbourne. Mais vous êtes à pied.... » — « Si Milord veut accepter mon cheval.... ou le mien, » dit une demi-douzaine de voix; « ou le mien qui fait dix milles par heures , sans qu'il soit besoin du fouet ou de l'éperon; il est à milord dès ce moment , s'il veut l'accepter à titre d'hommage. » Bertram le prit avec plaisir , mais seulement comme un prêt, et remercia affectueusement l'assemblée des vœux qu'on faisait pour lui. On lui répondit par de nouvelles protestations d'attachement.

Tandis que celui dont l'offre avait été acceptée , envoyait , tout joyeux , un jeune garçon chercher la selle neuve , un autre étriller la bête avec du foin sec , un

troisième emprunter les éperons argentés
de Dan Dunkieson, en regrettant qu'on
n'eût pas le temps de lui donner de l'a-
voine pour faire connaître son mérite au
jeune lord, Bertram prenant l'ecclésiastique sous le bras, entra dans la tour et
ferma aussitôt la porte après lui. Il con-
templa quelques minutes en silence le cadavre de Meg Merrilies dont les traits
défigurés par la mort conservaient encore
cette énergie qui lui avait donné une autorité sans bornes sur le peuple indompté
au milieu duquel elle était née. Le jeune
militaire essuya les larmes qui coulèrent
de ses yeux à la vue de cette infortunée
qu'il pouvait regarder comme victime de
son amour pour sa famille. Il prit la main
du ministre et lui demanda si elle avait
donné à ses prières l'attention d'une femme
mourante.

— Mon cher monsieur, répondit-il,
je crois qu'il restait assez de connaissance
à cette pauvre femme pour sentir l'importance de mes prières. Espérons humblement que nous serons jugés selon l'oc-

casion que nous avons eue de nous instruire dans la religion. On peut en quelque sorte la considérer comme une
payenne qui n'a jamais connu le chris-
tianisme, même au milieu d'un pays
chrétien. Souvenons-nous aussi que ses
erreurs et ses vices produits par son ignorance, sont balancés par un amour désintéressé pour votre famille, qui est
presque de l'héroïsme. Remettons-la avec
crainte, mais non sans espérance, entre
les mains de celui qui seul a le droit de
peser nos crimes avec nos efforts vers la
vertu.

— Je vous prie, dit Bertram, de faire
enterrer cette pauvre femme avec la dé-
cence convenable. J'ai en mon pouvoir
quelques objets qui lui appartiennent; je
paierai tous les frais; vous me trouverez
à Woodbourne.

Dinmont à qui un de ses amis avait
prêté un cheval se mit à crier que tout
était prêt pour le départ. Bertram et Hazlewood exhortèrent en peu de mots l'assemblée, qui s'était accrue de plusieurs

centaines de personnes , à se retirer paisiblement , de peur que leur zèle mal-en-
tendu ne tournât au préjudice du jeune
lord (c'est le nom qu'ils lui donnaient).
Puis ils s'éloignèrent au milieu des acclamations de la multitude.

En passant devant les chaumières rui-
nées de Derncleugh, Dinmont s'écria : —
Je suis sûr, capitaine, que lorsque vous
serez rentré dans vos biens , vous n'oublierez pas de bâtir ici une cabane. Je le
ferais à votre place et je la mettrais dans de
bonnes mains ; mais je n'y habiterais pas
moi-même après ce que la sorcière a dit.
Je la donnerais à la veuve Elspith qui a ,
dit-on, un commerce avec les esprits et
les revenants.

Ils arrivèrent rapidement à Woodbourne. La nouvelle de leurs exploits s'y était
déjà répandue et tous les habitants vinrent
à leur rencontre pour les féliciter. — Si
vous me revoyez vivant vous devez en remercier ces excellents amis , dit Bertram
à Lucy qui s'avança la première, quoique
les yeux de Julie l'eussent prévenue.

15.

Lucy salua Hazlewood en rougissant avec une expression de plaisir, de timidité et de reconnaissance ; mais elle tendit franchement la main à Dinmont. Dans l'extravagance de sa joie, l'honnête fermier porta plus loin la liberté. Il embrassa la demoiselle, mais il s'en repentit à l'instant. —— Je vous demande pardon, madame, dit-il ; je vous prenais pour une de mes filles. Le capitaine est si bon, qu'il est cause qu'on s'oublie.

Le vieux Pleydell s'avança : Certes, dit-il, si ce sont là les honoraires....

—— Arrêtez, arrêtez, M. Pleydell, dit Julie ; vous avez reçu vos honoraires d'avance, souvenez-vous d'hier au soir.

—— Je l'avoue, dit l'avocat ; mais si demain vous ne les doublez pas lorsque j'aurai fini l'interrogatoire d'Hatteraick, je.... vous en serez témoin, colonel ; et vous, malicieuses, si vous n'y assistez pas on vous l'apprendra.

—— C'est-à-dire si nous voulons nous donner la peine de prêter l'oreille.

—— N'y a-t-il pas à parier deux contre

un que vous vous donnerez cette peine ?
La curiosité vous apprend à vous servir
de vos oreilles, sans qu'il y paraisse.

— Des malins comme vous mérite-
raient bien que nous leur apprissions l'u-
sage de nos mains.

— Réservez-les pour la harpe, ma
chère, cela n'en vaudra que mieux pour
tout le monde.

Tandis qu'ils s'égayaient ainsi, le colonel Mannering présenta à Bertram un
homme remarquable par son air de bonté
et la simplicité de ses habits. — Voilà
M. Mac-Morlan, lui dit-il.

— C'est donc à vous, dit Bertram en
l'embrassant cordialement, que ma sœur
dut un asile, lorsqu'elle fut abandonnée
par tous ses parents et ses amis.

Dominie s'avança enfin, voulut parler;
mais après beaucoup de contorsions, il
ne put exprimer ses sentiment et se retira
pour laisser à ses yeux le soin de soulager
son cœur.

Nous n'essayerons pas de décrire la joie
qui régna à Woodbourne dans cette heureuse soirée.

CHAPITRE XI.

Le masque tombe , l'homme reste ,
Et le héros s'évanouit.

J. B. ROUSSEAU.

LE lendemain de grand matin chacun
s'empressa de se rendre à Kippletringan
pour être témoin de l'interrogatoire d'Hatteraick. M. Pleydell fut prié de présider
par M. Marc-Morlan , Sir Robert Hazlewood et un autre juge de paix. Cet honneur lui fut réservé tant à cause des recherches qu'il avait faites sur le meurtre
de Kennedy , que de son habileté bien
connue. Ils invitèrent le colonel Mannering à s'asseoir avec eux , l'instruction
n'étant que préparatoire. Le conseiller fit
comparaître et interroger les anciens té-
moins. Il questionna le ministre et le chirurgien sur la déclaration de Meg Merrilies mourante. Leur témoignage établit
comme un fait certain qu'elle avait déclaré d'une manière distincte , positive et.

réitérée avoir vu de ses propres yeux
Kennedy assassiné par Dirck Hatteraick
et quelques hommes de son équipage ;
qu'elle ne s'était trouvée là qu'accidentel-
lement ; qu'elle croyait que la vengeance
les avait portés à commettre ce crime ,
en voyant devant eux l'auteur de leur
ruine ; qu'un autre témoin du meurtre ,
mais qui avait refusé d'y participer , vi-
vait encore ; que c'était son neveu Gabriel
Faa ; qu'elle allait nommer une autre personne qui s'était jointe à eux après le
crime , et non avant, mais que les forces
lui avaient manqué. Ils n'oublièrent pas
de dire qu'elle avait déclaré avoir sauvé
la vie à l'enfant et que les contrebandiers
le lui avaient enlevé pour l'emmener en
Hollande. On écrivit soigneusement tous
ces détails.

On amena Dirk Hatteraick chargé de
chaînes. Sa fuite après sa première arrestation avait exigé qu'on prît ces précautions et qu'on le gardât avec vigilance. On
lui demanda son nom : point de réponse ;
sa profession : même silence ; on lui fit

beaucoup d'autres questions : il ne répondit à aucune. Pleydell essuya les verres de ses lunettes et considéra attentivement le prisonnier. « Il a la mine d'un scélérat achevé, dit-il tout bas à Mannering, mais nous le tournerons de tous les côtés. Faites venir Soles, Soles le cordonnier. Soles, vous souvenez-vous d'avoir mesuré des traces de pieds empreintes dans la boue; dans le bois de Warroch, en novembre 17... ? » Soles se rappela parfaitement cette circonstance. » Examinez ce papier.... n'est-ce pas là que vous notâtes vos mesures ? » Soles le reconnut. « Voilà maintenant sur cette table une paire de souliers ; mesurez-les et voyez s'ils correspondent à quelques-unes des marques dont vous avez noté les dimensions. » Le cordonnier obéit et déclara que les souliers se rapportaient exactement à la plus grande des empreintes.

— Nous prouverons, dit l'avocat à Mannering, que ces souliers, qu'on a trouvés dans les ruines de Derncleugh, ont appartenu à Brown, le brigand que vous avez tué à Woodbourne. Soles , mesurez avec soin le pied du prisonnier.

Mannering observa qu'Hatteraick tremblait visiblement. — Cette mesure correspond - elle à quelqu'une de vos empreintes ?

Le cordonnier regarda sa note , puis sa mesure ; mesura encore une fois. — Elle correspond, dit-il, à un cheveu près, avec une empreinte plus courte et plus large que la première.

La présence d'esprit d'Hatteraick l'abandonna. — Diable , s'écria-t-il , comment pouvait-il y avoir des empreintes de pieds sur la terre , quand tout était gelé et plus dur qu'un caillou ?

— Le soir, capitaine Hatteraick, mais non dans l'après-midi. Voudriez-vous avoir la bonté de me dire où vous vous trouviez le jour dont vous vous souvenez si bien ?

Hatteraick vit son étourderie et garda de nouveau un silence obstiné. — Notez toujours son observation ; dit Pleydell à son clerc.

Dans ce moment la porte s'ouvrit et, à la grande surprise de tous ceux qui étaient présents, M. Gilbert Glossin parut. Ce digne gentilhomme avait appris par ses espions qu'il n'était pas nommé dans la déclaration de Meg Merrilies mourante. Les approches de la mort et le retard qu'on avait mis à recevoir sa déposition, plutôt que sa bonne volonté pour lui, l'en avaient empêché. Il croyait donc n'avoir à craindre d'autre témoignage que celui d'Hatteraick. Pour en prévenir les suites, il résolut de faire bonne contenance et de se joindre à ses confrères pendant l'interrogatoire. « J'espère, pensait-il, faire entendre à ce coquin que sa sûreté dépend du secret qu'il gardera. Ma présence sera d'ailleurs une preuve d'innocence. S'il faut perdre les biens, il le faut.... mais espérons que tout ira pour le mieux. »

Il fit en entrant un profond salut à Sir Robert Hazlewood. Sir Robert qui commençait à se douter que le plébéïen, son voisin, se servait de lui comme de la patte du chat

chat ; inclina légèrement la tête , prit du tabac et se tourna d'un autre côté. — M. Corsand , votre très-humble serviteur.

— Votre serviteur , M. Glossin , répondit séchement M. Corsand en composant sa figure *regis ad exemplar* , c'est-à-dire sur celle du baronnet. — Mac-Morlan , mon digne ami , comment vous portez-vous ? toujours à votre devoir ?

— Humph , dit l'honnête Mac-Morlan , sans faire plus de cas du compliment que du salut. — Colonel Mannering (un profond salut) et vous , M. Pleydell (un autre profond salut ,) je n'aurais pas osé espérer que vous viendriez partager les travaux de pauvres gentilshommes de campagne pendant les assises.

Pleydell prit du tabac et le regarda d'un œil malin. — Je veux lui apprendre , dit-il , la valeur de ce vieux proverbe : *Ne accesseris in consilium antequàm voceris.*

— Peut-être suis-je ici de trop , messieurs ? Cette assemblée est-elle publique ?

IV.   16

— Quant à moi, dit M. Pleydell, loin
de vous regarder comme de trop ici, M.
Glossin, je vous vois arriver avec beaucoup de plaisir ; je crois que nous aurons
besoin de vous aujourd'hui.

— Eh bien, messieurs, dit Glossin en
approchant sa chaise de la table et re-
muant les papiers, où en sommes-nous ?
jusqu'où avo n-nous conduit l'affaire ? où
sont les dépositions ?

— Clerc, donnez-moi tous ces papiers, dit M. Pleydell ; l'ordre que j'y
mets est tel, que lorsque quelqu'un les
dérange, je ne sais plus où j'en suis. Mais
nous aurons besoin de votre secours en
temps et lieu.

Glossin réduit à l'inaction voulut examiner les traits d'Hatteraick. La haine et
la scélératesse s'y peignaient seules. —
Mais, messieurs, dit Glossin, est-il juste
de tenir ce pauvre homme si lourdement
enchaîné, lorsqu'on ne l'amène que pour
être interrogé ?

En parlant ainsi, il voulait montrer
au prisonnier qu'il était prêt à agir en sa

aveur.— Vous savez bien qu'il s'est échappé une fois, répondit séchement Mac-Morlan, et Glossin se tut.

Bertram fut introduit, et à la confusion de Glossin, il fut comblé de témoignages d'amitié, même de la part de Sir Robert. Il raconta les souvenirs de son enfance avec cette candeur et cette naïveté qui étaient le gage de sa bonne foi. — Cette affaire me paraît plutôt civile que criminelle, dit Glossin en se levant. Comme vous ne pouvez ignorer, messieurs, que la prétendue parenté de ce jeune homme m'enlève une partie de ma fortune, je vais prendre congé de vous.

— Non pas, s'il vous plaît, mon cher monsieur, dit Pleydell. Il faut nous expliquer ce que vous appelez les prétendues réclamations de ce jeune homme. Je ne vous ôte pas vos moyens de défense, si vous en avez quelqu'un, mais....

— M. Pleydell, je vais vous expliquer tout à l'instant. Ce jeune homme, que je regarde comme un fils naturel de feu Ellangowan, a erré pendant quelques se-

maines dans ce pays sous différents noms,
tramant des complots avec une vieille bohémienne qui vient, dit-on, d'être tuée
dans une rixe, et avec des vagabonds,
des bohémiens et d'autres gens de cette
espèce, excitant les vassaux contre leurs
seigneurs, à qui, comme Sir Robert Hazlewood d'Hazlewood le sait....

— Pour que je ne sois plus obligé de
vous interrompre, M. Glossin, dit Pleydell, dites-moi si vous savez qui est ce
jeune homme.

— Je dis, et cet homme sait (en montrant Hatteraick), qu'il est fils naturel
de feu Ellangowan et d'une fille nommée
Jeannette Lighthoel qui fut ensuite ma-
riée à Hewit, charpentier de vaisseau établi à Annau. Son nom est Godfroy Bertram Hewit; il est entré sous ce nom à
bord du yacht de la douane la Royale
Caroline.

— Oui? dit M. Pleydell, l'histoire ne
manque pas de vraisemblance. Mais, sans
s'arrêter à la différence des yeux; du
teint, etc., approchez, monsieur. —

Un jeune marin s'avance. —— Voici le vé-
ritable Godfroy Bertram Hewit, arrivé la nuit passée d'Antigue par Liver-
pool ; lieutenant d'un vaisseau de la
compagnie des Indes. Il est en fort
beau chemin dans le monde , quoiqu'il
y soit entré par une voie un peu dé-
tournée.

Pendant que les autres juges parlaien
avec ce jeune homme , Pleydell tira du
milieu des papiers le vieux porte-feuille
d'Hatteraick. Un regard inquiet du contrebandier indiqua à l'avocat qu'il renfer-
mait quelque chose d'important. Il continua l'examen des papiers , laissant le
porte-feuille sur la table. Aussitôt le prisonnier reprit son sang-froid. —— « C'est
là que doit se trouver la pièce la plus
importante, » pensa Pleydell et il visita
le porte-feuille , jusqu'à ce qu'il eût découvert entre le carton et le cuir de la
couverture une petite poche d'où il tira
trois chiffons de papier. Pleydell se tournant alors vers Glossin , le pria de leur
dire s'il avait assisté à la recherche du

corps de Kennedy et du fils de son patron , le jour où ils avaient disparu.

— Non pas.... c'est-à-dire.... ou i, répondit Glossin aux prises avec sa conscience.

— Il est étonnant que , lié comme
vous étiez avec la famille d'Ellangowan ,
vous n'ayez pas figuré comme témoin dans
l'instruction qui eut lieu.

— Je fus appelé à Londres par une
affaire très-importante , le lendemain du
jour où ce malheur arriva.

— Clerc , notez cette réponse , dit
Pleydell ; je présume que cette affaire
si importante était la négociation de ces
trois billets tirés par vous sur MM. Van-
beest et Van-bruggen et acceptés en leur
nom par un certain Dirk Hatteraick, le
jour même du meurtre. (Glossin perdit
contenance). Cette pièce vient à l'appui
du récit qu'un homme nommé Gabriel
Faa a donné de votre conduite en cette
occasion ; il fut témoin de la transaction
entre vous et le digne prisonnier. Avez-
vous quelque explication à donner ?

— M. Pleydell, dit Glossin en s'effor-
çant de ne pas paraître troublé, si vous
étiez mon avocat, me conseilleriez-vous de
répondre sur-le-champ à une accusation
qu'un homme de la classe la plus vile est
prêt à soutenir contre moi, même par
le parjure ?

— Mon avis se réglerait sur l'opinion
que je me serais formée de votre culpa-
bilité ou de votre innocence. Je crois que
vous prenez le parti le plus sage en refu-
sant de répondre de suite. Je ne dois pas
vous laisser ignorer que vous devez être arrêté.

— Comment, monsieur ? sur une accusation de meurtre ?

— Non, mais pour avoir pris part à
l'enlèvement d'un enfant.

— Mais, pour ce délit, on peut donner
caution.

— Pardon, dit Pleydell, c'est un *plagium*, et le *plagium* est qualifié félonie.

— Vous me pardonnerez, M. Pleydell. Je ne vous citerai que l'exemple de
Torrence et de Waldie. Ces deux femmes,
s'il vous en souvient, avaient promis à de
jeunes chirurgiens de leur procurer le ca-

davre d'un enfant. Voulant remplir leur engagement , elles enlevèrent un enfant , le tuèrent et en vendirent le corps trois shellings et six pences. Elles furent pendues pour le meurtre et non pour le *plagium.* Votre jurisprudence civile vous a entraîné un peu trop loin.

—— Nous sommes cependant obligés de vous faire renfermer dans la prison du comté , si ce jeune homme ne varie pas dans ses dépositions. Constables , emmenez M. Glossin et Hatteraick , et gardez-les dans des appartements séparés.

Gabriel l'égyptien fut ensuite introduit et donna un récit détaillé de la manière dont il avait déserté du vaisseau du capitaine Pritchard. Il vint joindre les contrebandiers pendant le combat. Dirk Hatteraick voyant son lougre désagréé , y mit le feu , et à la faveur de la fumée , lui et ses gens se sauvèrent en emportant autant de marchandises qu'ils purent dans la caverne où ils se proposaient de passer la nuit. Hatteraick , son lieutenant Vanbeest Brown et trois autres matelots dont le témoin était un, se glissèrent dans le bois de Warroch pour communiquer avec leurs amis. Ils y rencontrèrent inopinément Kennedy. Brown et Hatteraick, sachant qu'il était l'auteur de leur désastre, résolurent de l'assassiner. Après le crime, ils regagnèrent la caverne par diverses routes et Hatteraick racontait qu'il avait jeté un énorme quartier de rocher sur Kennedy qui se débattait encore, lorsque Glossin parut tout-à-coup au milieu d'eux. Le déposant fut témoin du marché par lequel Hatteraick acheta son silence. Quant au jeune Bertram, il raconta avec détail tout ce qu'il avait fait jusqu'à son départ pour les Indes. Alors il l'avait perdu de vue, jusqu'à son retour inopiné dans les montagnes de Liddesdale. Il fit savoir aussitôt cette nouvelle à sa tante Meg Merrilies et à Dirk Hatteraick dont il savait que le vaisseau était près des côtes; mais sa tante s'emporta contre lui lorsqu'elle sut qu'il en avait fait part au contrebandier. Elle déclara aussitôt qu'elle ferait tout ce qui serait en son pouvoir pour aider le

jeune Ellangowan à rentrer dans ses droits ;
quand même elle serait obligée de porter
témoignage contre Dirk Hatteraick. Plusieurs égyptiens lui prêtèrent leur secours,
dans la persuasion que ses inspirations
étaient surnaturelles. Il croyait que c'était
dans le même dessein que Meg avait donné
à Bertram le trésor de la tribu dont elle
avait la garde. Trois ou quatre bohémiens
se mêlèrent dans la foule pour le délivrer
lorsqu'on força la douane ; ce qu'il avait
effectué lui seul. Il dit qu'en obéissant aux
ordres de sa tante, il n'avait pas considéré s'ils étaient raisonnables ou non, le
respect qu'on lui portait dans la tribu le
lui interdisant. Après avoir répondu à
d'autres questions, il ajouta qu'il avait
entendu dire à Meg Merrilies qu'Harry
Bertram portait à son cou quelque chose
qui pouvait le faire reconnaître. C'était
un charme, disait-elle, qu'un étudiant
d'Oxford avait fait pour lui et elle fit accroire aux contrebandiers que s'ils le lui
enlevaient, ils attireraient sur leur vais-
sca u la colère du Ciel.

Bertram produisit alors un petit sac de velours qu'il dit avoir porté à son cou dès son enfance. Il l'avait d'abord conservé par une espèce de superstition et ensuite dans l'espoir qu'il l'aiderait quelque jour à découvrir sa naissance. Le sac fut ouvert : il contenait un étui de soie bleue dont on tira un horoscope. Le colonel Mannering après avoir examiné ce papier avec soin avoua qu'il en était l'auteur. Son témoignage prouva invinciblement que le possesseur de cet écrit devait être l'héritier d'Ellangowan. Il avoua ainsi qu'il avait joué le rôle d'astrologue, la première fois qu'il vint en Écosse.

— Il faut maintenant, dit Pleydell, dresser le mandat d'arrêt pour retenir en prison Hatteraick et Glossin, jusqu'à ce qu'un jugement ait prononcé sur leur sort. J'en suis fâché pour Glossin.

— Cependant, à mon avis, dit Mannering, il est celui qui mérite le moins de pitié des deux. L'autre s'il est un scélérat est au moins un homme courageux.

— Il est tout naturel que vous vous intéressiez à ce brigand et moi à ce fourbe. Notre profession dirige notre goût. Je puis vous assurer que Glossin aurait fait un bon avocat, s'il avait suivi le droit chemin, au lieu de se charger toujours des mauvaises affaires..

— La malignité vous répondrait qu'il n'en serait pas plus mauvais avocat pour cela.

— La malignité mentirait comme à l'ordinaire. Les lois sont comme le laudanum. Un charlatan s'en sert dans toutes sortes de maladies, un médecin ne l'emploie qu'avec discernement.

CHAPITRE

CHAPITRE XII.

Si la vie et la mort sont pour eux peu de chose?
Qu'on leur tranche la tête....

Mesure pour Mesure.

La prison du chef lieu du comté de....
était un de ces édifices gothiques qui dé-
paraient encore l'Ecosse dans ces derniers
temps. Hatteraick dont on connaissait la
force et l'audace fut renfermé dans la
chambre des condamnés. C'était un vaste
appartement situé dans l'étage le plus élevé. Une barre de fer ronde de la grosseur
du bras d'un homme au dessus du coude
le traversait horizontalement à six pouces
du plancher. Elle était scellée dans le
mur à chaque bout. Le pied d'Hatteraick
fut fixé par une chaîne de quatre pieds
de long à un anneau de fer qui courait le
long de la barre. Le prisonnier pouvait
ainsi se promener d'un côté de la chambre

IV.   17

à l'autre, sans s'éloigner plus que ne le permettait la longueur de la chaîne. Lorsque son pied eut été ainsi attaché, on lui ôta les menottes et on le délivra de tous ses autres liens.

Peu de temps après qu'Hatteraick eut été renfermé, Glossin arriva. Par respect pour son rang et son éducation, on ne l'enchaîna point, mais on le plaça dans une chambre décemment meublée, sous l'inspection de Mac-Guffog qui, depuis l'incendie du Bridewell de Portanferry, était employé dans la prison en qualité de guichetier. Lorsque Glossin fut seul, il eut le loisir de calculer les chances favorables et contraires et ne put s'empêcher de désespérer du succès de son affaire. « Les biens sont perdus, dit-il, il le faut ; Pleydell et Mac-Morlan sauront bien réduire au néant toutes mes réclamations. Ma réputation.... Sauvons d'abord notre vie et notre liberté, l'argent que je puis gagner m'aidera bien à la recouvrer. Voyons : ce Bertram n'était qu'un enfant ; son témoignage ne suffit pas ; l'autre est

un déserteur, un égyptien, un homme
indigne aux yeux de la loi. Meg Merrilies...
la coquine n'est plus. Ces billets infer-
naux!.... Hatteraick les avait sans doute
apportés pour m'extorquer de l'argent
par la crainte. Il faut voir ce brigand, il
faut l'engager à tenir ferme, à donner
quelque tournure à cette affaire. »

Il tourmenta son génie fécond en four-
beries pour tâcher de donner à sa bassesse
quelque couleur spécieuse. Il passa le
temps à préparer et à combiner ses
moyens de défense jusqu'à l'heure du
souper. Mac-Guffog le lui apporta. Glossin
le fit boire un verre d'eau-de-vie, puis il
le cajola par des paroles flatteuses, enfin
il le pria de lui procurer une entrevue
avec Dirk Hatteraick. —— Impossible! absolument impossible! ce serait contraire
aux ordres exprès de M. Mac-Morlan
et le capitaine(c'est ainsi qu'on appelle
en Ecosse le geolier en chef) ne me le
pardonnerait jamais.

—— Mais personne n'en saura rien, dit
Glossin en glissant deux guinées dans la
main de Mac-Guffog.

Le guichetier pesa l'or dans sa main et jeta un regard malin sur Glossin. —— Oui, oui, M. Glossin, vous connaissez les usages de la maison. A l'heure où les portes se ferment, je reviendrai et je vous ferai monter chez lui. Mais vous serez obligé d'y passer toute la nuit, car chaque soir il faut que je porte les clés au capitaine. Je ne pourrai vous faire sortir que demain matin. Je ferai la visite une demi-heure plutôt qu'à l'ordinaire et vous rentrerez chez vous avant que le capitaine fasse sa ronde.

Dix heures venaient de sonner à l'horloge voisine, lorsque Mac-Guffog entra muni d'une petite lanterne sourde. Il dit à voix basse à Glossin: « Quittez vos souliers et suivez-moi. » Lorsqu'ils furent sortis de la chambre. Mac-Guffog cria à haute voix, comme s'il remplissait son devoir : «Bonne nuit, monsieur, » et il ferma la porte et tira les verroux avec un grand fracas. Il conduisit Glossin par un petit escalier au haut duquel était la porte de la chambre des condamnés ; il l'ouvrit, donna la lanterne à Glossin, lui fit sig ne d'entrer et la referma avec la même af-fectation.

La faible clarté que répandait la lan - terne dans ce vaste appartement ne permit pas d'abord à Glossin de distinguer les objets. Enfin il découvrit sur une paillasse étendue à côté de la grande barre de fer la figure d'un homme. Glossin s'approcha de lui. — Dirk Hatteraick !

. — Tonnerre et grêle ! dit le prisonnier en s'asseyant et agitant ses fers ; mon songe se réalise. Laisse-moi, va-t-en, tu feras mieux.

— Quoi ! mon ami, la crainte de quelques semaines de prison vous abat-trait-elle à ce point ?

— Oui, puisque je ne dois en sortir que pour être pendu. Laissez-moi... allez à vos affaires et détournez de mon visage cette clarté qui m'offusque.

— Bah ! mon cher Dirk, ne craignez rien. J'ai formé un plan qui doit infailli-blement rétablir nos affaires.

— Que mille diables vous emportent

au fond des enfers , vous et vos plans !
ce sont eux qui me font perdre mon vaisseau , ma cargaison et ma vie. Je rêvais
en ce moment que Meg Merrilies vous
traînait ici par les cheveux et qu'elle me
présentait le long coutelas qu'elle portait
toujours à sa ceinture. Savez-vous ce
qu'elle m'a dit ?..... Tempête ! Si vous
m'en croyez , vous ne me tenterez pas
davantage.

— Mais, mon cher ami, Hatteraick,
levez-vous et répondez-moi comme un
homme raisonnable.

— Je n'en ferai rien. Vous êtes la
cause de tous mes malheurs ; c'est vous
qui n'avez pas voulu laisser l'enfant à Meg ;
elle l'aurait ramené , lorsque tout aurait
été oublié.

— Mais , Hatteraick , vous radotez.

— Pouvez-vous nier que ce n'est que
pour votre intérêt que j'ai attaqué Por-
tanfe rry : entreprise qui m'a coûté mon
vaisseau et mon équipage ?

— Mais comptez-vous pour rien les
marchandises ?....

— Maudites soient les marchandises ;
ne pouvions nous pas en avoir d'autres ?
mais qui me rendra mon vaisseau et mes
braves compagnons ; qui sauvera ma vie
que je perds pour le plus lâche des hommes, qui travaille à sa propre ruine par
les mains des autres ?.... Ne me parlez
plus... craignez mon ressentiment !

— Mais, Dirck... mais, Hatteraick,
écoutez seulement quelques mots.

— Tonnerres, enfer ! non.

— Un seul avis.

— Mille malédictions ! non.

— Va-t-en au diable, brute hollandaise
dit Glossin dont la patience était à bout!
en poussant Hatteraick du pied.

— Tonnerre et malédiction ! dit Hatteraick en se jetant sur lui avec fureur,
tu n'auras que ce que tu demandes.

Glossin voulut en vain résister, mais
surpris de l'attaque soudaine du brigand,
il tomba sous lui et sa nuque frappa un
coup violent sur la barre de fer. Le bri-,
gand n'abandonna sa victime que lorsqu'elle eut cessé de vivre. L'appartement de Glossin qui se trouvait im-

médiatement au dessous de la chambre
des condamnés était vide; mais ceux
qui occupaient l'étage plus bas entendirent la chûte d'un corps lourd, les
trépignements d'un homme qui se débat
et des gémissements. Mais ces bruits effrayants étaient trop communs dans ce
lieu d'horreur pour exciter l'attention ou
la curiosité.

Le matin, fidèle à sa promesse, Mac-
Guffog arriva. — M. Glossin, appela-t-il
tout bas.

— Crie plus fort, répondit Dirck
Hatteraick.

— M. Glossin, au nom de Dieu, venez...

— Il lui sera difficile de se lever sans
aide, dit Hatteraick.

— Que bavardez-vous là haut, Mac-
Guffog, cria le capitaine du bas des és-
caliers.

— Montez, pour l'amour de Dieu, répéta le guichetier.

Le geolier arriva avec une lumière. Il
fut frappé de surprise et d'horreur en
voyant le corps inanimé de Glossin étendu

en travers de la barre de fer. Hatteraick
était paisiblement couché à un pas de sa
victime. En relevant Glossin, on vit qu'il
était mort depuis quelques heures. Son
cadavre portait les marques d'une violence
peu commune. L'épine du dos était brisée
en plusieurs endroits par l'effet de sa chûte.
Sa gorge et les taches livides de sa figure
prouvaient qu'il avait été étranglé. Sa tête
était penchée sur l'épaule et le cou paraissait avoir été tordu avec une force
extraordinaire. Son antagoniste devait avoir
serré sa gorge avec un poignet terrible,
jusqu'à ce qu'il eût perdu la vie. La lanterne était en pièces auprès du cadavre.

Mac-Morlan était dans la ville et accourut pour examiner le corps. — Qui a
amené Glossin? dit-il à Hatteraick.

— Le diable, répondit le brigand.

— Pourquoi l'avez-vous assassiné ?

— Pour l'envoyer en enfer avant moi.

— Monstre, vous avez dignement
couronné par le meurtre de votre complice une vie criminelle qui n'a été ornée
d'aucune vertu.

—— Des vertus ?.... ne m'a-t-on pas toujours trouvé fidèle à mes armateurs ? ne
leur ai-je pas toujours rendu compte de
ma cargaison jusqu'à un denier ? mais
écoutez : procurez-moi une plume et de
l'encre, laissez-moi seul un couple d'heures et débarrassez moi de cette charogne,
tonnerre !

Mac-Morlan cherchant à apprivoiser ce
sauvage, lui fit fournir ce qu'il fallait pour
écrire et le laissa seul. Lorsqu'on rouvrit
la porte, on trouva que ce scélérat avait
prévenu le bourreau. Il avait attaché une
corde à un os, reste de son dîner de la
veille, il avait fiché cet os dans le mur,
aussi haut qu'il l'avait pu, en montant
sur la barre de fer. Puis il s'était laissé
tomber sur les genoux et avait gardé avec
effort cette posture tant qu'il avait conservé sa connaissance. La lettre qu'il avait
écrite à ses commettants parlait presque
entièrement de leur commerce, elle contenait cependant quelques allusions au
jeune Ellangowan et confirmait les dé-.
positions de Meg Merrilies et de son neveu

Pour en finir sur la mort tragique de ces deux scélérats, nous ajouterons seulement que Mac-Guffog fut dépouillé de son office, quoiqu'il offrît d'attester par serment qu'il avait renfermé Glossin dans sa chambre la veille du jour où on l'avait trouvé mort dans celle d'Hatteraick. Son histoire trouva confiance auprès du digne M. Skriegh et des autres amis du merveilleux, qui croient encore que l'ennemi du genre humain avait réuni ces deux criminels par un moyen surnaturel, pour qu'ils se punissent eux-même par le meurtre et par le suicide,

CHAPITRE XIII.

C'est la fin de tout.

SWIFT.

GLOSSIN étant mort sans héritiers et sans avoir payé le domaine d'Ellangowan, ces biens tombèrent entre les mains des créanciers de M. Godfroy Bertram. Les droits de plusieurs d'entr'eux s'éteignaient, si Henry Bertram prouvait sa qualité d'héritier par substitution. Ce jeune homme confia ses affaires à MM. Pleydell et Mac-Morlan, en les prévenant que son intention était que toutes les dettes légitimes de son père fussent payées, quand même il serait obligé de retourner dans l'Inde. Cette déclaration lui gagna tout-à-fait le cœur de Mannering.

Les épargnes de mistress Marguerite Bertram et la générosité du colonel mirent l'héritier à même de payer sur-le-champ ces créanciers, tandis que

la bonne foi et les recherches des juris-
consultes ses amis réduisirent à leur juste
valeur les comptes enflés de Glossin, ce
qui diminua de beaucoup les dettes. Les
créanciers, reconnaissants de sa bonne
volonté, n'hésitèrent pas à reconnaître
les droits de Bertram et à lui restituer le
château de ses ancêtres. Toutes les personnes réunies à Woodbourne en sortirent pour aller solennellement en prendre
possession, au milieu des acclamations
des vassaux et des paysans du voisinage.
Le colonel mettait un tel intérêt à surveiller certaines réparations dont il était
convenu avec Bertram, qu'il vint habiter à Ellangowan avec toute sa famille,
quoique la maison fût bien moins commode qu'à Woodbourne.

La joie avait presque fait tourner la
tête du pauvre Dominie. Il monta les
escaliers trois à trois, jusqu'à un petit
appartement qui lui servait autrefois de
chambre à coucher, et que celle qu'il
occupait à Woodbourne, quoique plus
élégante et plus agréable, ne lui avait pas

IV.   18

fait oublier. Là, une pensée affligeante le frappa... Les livres !... trois appartements d'Ellangowan n'étaient pas capables de les contenir. Cette triste réflexion avait rempli sa joie d'amertume, lorsque Mannering le fit avertir pour calculer les proportions du plan d'une vaste et superbe maison, qu'il se proposait d'élever sur l'emplacement du nouveau château, et dont l'architecture devait être digne de la magnificence des ruines de l'ancien. Sur l'une des salles les plus vastes, Dominie remarqua qu'on avait écrit : BIBLIOTHÈ-QUE ; tout auprès était une petite chambre commode nommée APPARTEMENT DE M. SAMPSON. —— Prodigieux ! prodigieux ! prodigieux ! s'écria Dominie hors de lui.

M. Pleydell était allé passer quelque temps à Edimbourg ; mais il revint, selon sa promesse, pendant les vacances de la Noël. Il arriva à Ellangowan au moment où tout le monde était à la promenade, excepté le colonel qui s'occupait de ses plans et de ses jardins anglais avec autant de goût que de plaisir.

— Ah ! ah ! dit l'avocat, vous êtes donc ici ; où sont ces dames ? où est la belle Julie ?

— Elles se promènent avec Hazle-wood, Bertram et le capitaine Delaserre, un des amis de ce dernier , qui vient d'arriver. Ils sont allés dresser le plan d'une cabane à Derncleugh. Eh bien , avez-vous terminé cette affaire ?

— En un clin-d'œil. Je l'ai fait décla-rer héritier devant les massiers.

— Qu'est-ce que vos massiers ?

— Ce sont les saturnales judiciaires. Vous saurez qu'une des conditions pour exercer la charge de massier ou officier subalterne de notre cour suprême , est une profonde ignorance.

— Fort bien !

— Notre tribunal, pour s'amuser, je crois , a constitué ces gens ignares en cour particulière , pour juger des questions de parenté ou de filiation , telles que l'affaire de Bertram , qui sont souvent les plus épineuses.

— Diable ! mais cette coutume est un abus grave.

— Oh ! nous avons en pratique un remède pour cette théorie absurde. Quelques juges jouent le rôle d'assesseurs de leurs propres huissiers. Vous connaissez d'ailleurs cet axiôme de Cujas : *Multa sunt in moribus dissentanea , multa sine ratione.* Cependant cette cour des saturnales a fait notre affaire, et elle est venue se régaler ensuite avec nous chez Walker avec de l'excellent vin de Bordeaux. Mac-Morlan fera la grimace, lorsqu'il verra le compte.

— Ne craignez rien , dit le colonel, nous ferons face à tout et nous régalerons tout le voisinage chez mon amie mis- ress Mac-Candlish.

— Vous choisirez Jock Jabos pour votre palefrenier en chef ?

— Peut-être qu'oui.

— Où donc est Dandie , le seigneur redouté de Liddesdale ?

— Il est retourné dans ses montagnes ; mais il a promis à Julie de faire une descente dans l'été avec sa femme et je ne sais combien d'enfants.

— Oh ! les petits bambins ! Je veux jouer avec eux à colin-maillard et à cligne-musette. Mais que vois-je, dit-il en prenant les plans : tour au centre à l'imitation de la tour de l'aigle de Caernarvon.... corps-de-logis.... ailes ! mais le château prendra les biens d'Ellangowan sur le dos et s'envolera avec eux.

— Je les lesterai avec quelques sacs de roupies sèches.

— Ah ! c'est donc de ce côté que souffle le vent. Le fripon m'enlève ma maîtresse-Julie, je suppose ?

— Il en est quelque chose, conseiller.

— Ces coquins, ces *post-nati* l'emportent sur nous qui sommes de la vieille école. J'espère qu'elle intéressera Lucy en ma faveur.

— A vous dire le vrai, je crains bien qu'on ne vous ait aussi enlevé ce refuge.

— Vraiment ?

— Sir Robert Hazlewood est venu faire une visite à Bertram, pensant, estimant et opinant....

— O Dieu ! faites-moi grâce des tirades du baronnet.

— Il était d'avis que, le domaine d^e
Singleside étant entre deux de ses fermes
et se trouvant éloigné de plusieurs milles
d'Ellangowan, on pouvait faire une vente,
un échange ou un arrangement pour l'a-
vantage mutuel des deux parties.

— Bon, et Bertram....

— Bertram répondit qu'il considérait
le premier testament de mistress Marguerite Bertram comme l'arrangement le plus
convenable pour sa famille, et que par
conséquent les biens de Singleside étaient
la propriété de sa sœur.

— Le coquin ! il me volera mon cœur
comme ma maîtresse, dit Pleydell en
essuyant ses lunettes, et puis ?

— Et puis Sir Robert se retira après
avoir tenu les propos les plus gracieux ;
mais la semaine passée, il arriva dans un
carrosse à six chevaux, avec son habit
écarlate brodé, sa plus belle perruque,
enfin en grande tenue.

— Oui, et que dit-il ?

— Il parla avec de grandes cérémonies
de l'attachement désintéressé de Charles
Hazlewood pour miss Bertram.

— Oui, oui; il a respecté le petit dieu Cupidon, lorsqu'il l'a vu perché sur la colline de Singleside. Et la pauvre Lucy, ira-t-elle demeurer avec ce vieux fou et sa femme qui est aussi un baronnet en jupons?

— Non; nous avons tout prévu. Singleside-house sera réparé pour les jeunes gens et prendra le nom de Mont-Hazlewood.

— Et vous-même; continuerez-vous de demeurer à Woodbourne?

— Seulement jusqu'à ce que tous ces projets soient exécutés. Voici le plan de ma retraite, où je pourrai être seul lorsqu'il me plaira.

— La porte est voisine du vieux château; vous ferez réparer la tour de Donagild pour contempler pendant la nuit les corps célestes.

— Non, non; mon cher conseiller! Ici finit L'ASTROLOGUE.

FIN.

De l'Imprimerie de PIERRE CHAILLOT
JEUNE, Éditeur, à Avignon.

ET SAINT-ESPRIT , auteur et législateur
es sociétés ,

généraux et extraordinaires de la nation,
bien convaincue , d'après un long exa-
mûre délibération , que les anciennes
mentales de cette monarchie , modifiées
rganisation et appuyées d'une garantie ,
nt d'une manière stable et permanente
e exécution , rempliront le grand objet
lui de la gloire , de la prospérité et du
e toute la nation , décrètent , pour le bon
nent et la bonne administration de l'Etat,
ation politique suivante :

TITRE I.

la Nation espagnole et des Espagnols.

CHAPITRE PREMIER.

De la Nation espagnole.

La Nation espagnole se compose de tous
nols des deux hémisphères.

ation espagnole est libre et indépendante ;
ni peut être le patrimoine d'aucune famille
n individu.

A 2